街が再生し、市民がよみがえる

文化とメセナ

ヨーロッパ／日本：交流と対話

根本長兵衛

人文書院

目次

I

街が再生し、市民がよみがえる

文化とメセナ――ヨーロッパ／日本：交流と対話

装幀　上野かおる

I

プロローグ

地方都市が文化を競い合う時代――「文化による街おこし」で甦るヨーロッパ
――二十一世紀の世界の新しい文化胎動と日本

「フランス以外のところでの長い滞在から引き出すことのできる利益は、たぶん、それらの国について学んだことよりも、外国がわれわれについて学ばせてくれたことである。これらの外国は、窓ガラスの役割を演じ、われわれはその国の景観とともに、そこに映る自分たちの姿に見入ることになる……」

（アラン・ペイルフィット『フランス病』実業之日本社刊）

「一にも二にも景気回復」、これがバブル崩壊以降の日本列島の合言葉だった。九割以上の日本人がこの合言葉を「常識」として信じ、当然至極と考えてきたのだ。しかし、ヨーロッパでは、ことに文化大国フランスでは、この「常識」はまったく通用しない。過去四半世紀ヨーロッパの国々も経済再建と失業対策に追われてきたが、いずれもフトコロが苦しいなかで芸術文化にも十分配慮し、ことに地方分権の進行とともに「文化の民主主義化」、すなわち文化の地方分権化に努めてきたからである。同時にどの政府、どの自治体も国民、市民のために「生活の質」の維持を目的とするさまざまな施策を行なってきた。いや、市民の間で、スローライフや緑の思想に対する関心や、文化の危機や環境破壊への憂慮が広がり、それに対応して国や地方自治体がさまざまな政策や措置をとるよう迫られた、というべきかもしれない。

外では通用しない日本の「常識」

日本にも「一にも二にも景気回復」という「常識」に異を唱える少数意見がなかったわけではない。加藤周一、吉田秀和、安藤忠雄、平田オリザ、三浦雅士氏らが現代日本の文化の危機を直視し、芸術文化振興の大切さを力説して、経済だけではないバランスのとれた日本再建をそれぞれの立場から真剣に提唱してきた。しかしマスコミもメディアも本気でこうした少数意見を発展させる努力を怠ってきた。この国ではいったん「常識」が成立するとそれが主流派になり、それにあらがう少数派の意見は非常識とみなされがちだ。よくても「刺身のつま」程度の扱いをされるのが関の山なのだ。世論も大勢順応型だから、上記の諸氏の卓説に深くうなずく市民も少なからずいるのだが、少数派の意見が「常識」に対抗する大きな流れになって社会を揺り動かすことにはならなかった。どうすればこうした日本の文化状況の閉塞を打開できるのか。発想の転換をうながす契機として、大西洋に面するフランスの港湾都市、ナント市の〝文化革命〟の事例を紹介したい。

ナント市は人口五六万のフランスで五番目の都市であり、中心部にブルゴーニュ公爵城を擁し、ナントの勅令で有名な歴史都市である。だが一九六〇年代から七〇年代前半にその主力産業である造船業が日韓の躍進によって壊滅的打撃を受けた。あいつぐ造船所閉鎖、労働争議で人口流失が起こり、食料生産業も不振に陥って中心街の店が軒並み閉店する大不況に見舞われる。しかし、一九八九年に弱冠三十九歳のエーロー氏が市長に当選すると、新市長はダイナミックな文化政策の実施、路面電車の導入による全市の交通網整備を柱に、抜本的な街おこしに着手した。注目されるのは、閉鎖された中心街のビスケット工場を現代アートの文化コンプレックスとして再生するなど、ハコモノ作りより市民を巻き込む多彩な文化創造を試みたこと、またナント市の芸術家の海外派遣、海外の芸術家の同市への受け入れにつとめる一方、ストリート演劇集団をカメルーン、中国に派遣、市が開発したクラッシック音楽祭「ラ・フォール・ジュルネ」の海外公演（リスボン、ビルバオ、東京＝二〇〇五年春開催）を行なうなど、一地方都市としては破格の「国際化」に乗り出したことだ。ナント市の文化予算は一九九〇年度の二三〇〇万ユーロから、二〇〇四年には四四〇〇万ユーロ（四七億五二〇〇万円）にほぼ倍増され、市の年間総予算の一一％に達した。さらに、契約にもとづいて中央政府（文化省、外務省）や州、県もナント市の事業に公的資金を投入する仕組みだから、同市が実際に文化に使う金額は市予算の二倍近くになると推測される。

ナントの奇跡

日本広しといえども、ナント市程度の規模の地方都市で、年々これほど巨額の資金を文化創造や

古都ナントのシンボルであるブルターニュ公爵城と、モダンな市街電車
（写真・ナント市文化局提供）

振興に使う街は、列島中をくまなく探しても皆無だと思う。おどろくべきことは、ナント市が大不況と深刻な経済不振から脱出するために、市が街の再生を文化に賭けるという、日本人の常識からすれば、〝非常識きわまりない〟大冒険にあえて乗り出し、しかも所期の予測をはるかに上回る大成功を収めたことだ。フランスの週刊誌「ル・ポワン」は『フランスでもっともよい暮らしが出来るのはどこか？　連続第一位はナント』という特集記事で、次のようにナントを讃えている。「連続二年目の栄冠。二五年でナント市は不況と荒廃から立ち直り、きわめて有力な大学都市、活気あふれる文化の中心、人気ある国際会議都市になった。疑いなく、その文化的創意のおかげでナントは完全に甦ったのである。」米国の「タイム・マガジン」誌も今年の八月、ナントを「ヨーロッパで最良の場所」に選び、その理由として、緑の空間と活発な文化活動をあげ、「ヨーロッパでもっと

も魅力的で快適な都市」と認定した。二つの国営企業、フランス国鉄と郵便事業が一部部門の移転先にナントを選んだのも、環境の質の高さ、緑の空間、芸術文化のダイナミズムを高く評価したからだ。IBM, AIRBUS, ORACLEなどの他国籍企業がナントに支社を置くようになったのも、同じような理由にもとづくという。工業団地づくりや税制の優遇措置よりも、市当局の文化政策・文化行政の積みあげが内外の企業の関心を惹きつけ、企業誘致を成功させたのである。

筆者は一九六九年にはじめてナント市を訪問、造船所の連続倒産、失業率四〇%を記録した街の荒廃ぶりを目撃している。だから、最新鋭の路面電車が縦横に走り、商店街が活気に満ち、さまざまな文化施設がアートを楽しむ若者であふれる現在のナント市の再生ぶりは目にまぶしかった。奇跡を目の当たりにする思いだった。

しかし、「文化による街おこし」はフランスだけの、ナント市だけの特殊現象というわけではない。実は一九八〇年代から、パリ、ロンドン、ベルリンといったそれぞれの国の首都から遠く離れたヨーロッパの周縁部で文化による都市再生の試みが始まっていたのである。たとえば英国のグラスゴー市は八〇年代前半に国立美術館を誘致し、重厚長大型の工業都市からスコットランド文化の新しい発信地への転身を図った。同市は九〇年には欧州文化首都にえらばれ、文化行政に力を入れた。それが呼び水になって新しい雇用が生まれ、経済的な都市再生に成功している。ポルト（ポルトガル）、グラーツ（オーストリア）の両市も欧州文化首都の指定を受け、それぞれの文化遺産を生かしながら住民を巻き込んだ積極的な文化事業を展開して国際的にも高い評価を獲得した。こうした一連のヨーロッパの「文化による街おこし」のなかでも国際的にもっとも有名なのは、ビルバオ市

（スペイン・バスク地方）の創造都市（クリエーティヴ・シティ）の試みであろう。かつて重工業の一大拠点として繁栄したビルバオ市は一九七〇〜八〇年代にアジアとの国際競争に敗れ、しかも深刻な環境破壊と失業率三〇％の大不況に直面して、「とてもひとが住める環境ではない」と酷評されるほど街が荒廃してしまった。どん底の経済不振の中で、従来型の環境改善を図る余地はない。そこで市当局は発想転換を余儀なくされ、文化による都市再生戦略を採択して、文化力によって「経済と環境」を立て直すという大胆な創造都市計画を打ち出したのである。目玉は、不用になった産業用鉄道の操車場跡への、世界的に有名なグッゲンハイム美術館の誘致である。

ビルバオ効果

アメリカ人建築家F・ゲーリの設計による「タコの足」のニックネームで呼ばれる異様な外観の新美術館が完成、一九九七年にオープンすると、たちまち国際的に大評判になり、予想をはるかに超える経済波及効果が生まれた。斬新奇抜なこの「タコの足」美術館の創設は〝文化的事件〟として世界のメディアで七〇〇〇回も取り上げられ、ビルバオ市はにわかにその名を世界に喧伝されることになった。ちなみにこの美術館の建設費は一三〇億円、東京都が有楽町の元都庁跡に建設した「国際フォーラム」が一六七五億円の巨費を要したことを考えるとひと桁違う〝格安の投資〟である。前者がみごとな「ビルバオ効果」を揚げたのに対して、巨額の公的資金を投入した後者「国際フォーラム」の方は開館わずか数年で赤字累積のため都が手放し、その運営は株式会社に委ねられてしまう。ふしぎなことに、メディアも世論も、この「効果ゼロ」の巨額な公的資金のムダ遣いを非難せず、言及すらしなかったのである。

ヨーロッパ周縁部では、「衰退か、再生か」というきびしい二者択一を迫られた地方都市が相次いで文化に街の未来を賭ける苦渋の選択を行ない、個性ある都市再生を続々と実現しつつあるのだが、「一にも二にも景気回復」という「常識」の呪縛に囚われた日本列島では「文化による街おこし」に成功したという話は聞こえてこない。多くの地方都市で相変わらず旧態依然の開発型ハコモノ行政が繰り返されているのは、時代錯誤もきわまった現象というしかない。

しかし、ヨーロッパ周縁部の都市の相次ぐ再生の背景には、近年の都市構想の大きな変化があったことも忘れてはなるまい。その一つは一九八〇年代に登場したサスティナビリティ・シティ構想である。サスティナビリティとは「持続可能性」あるいは「維持可能な」という意味の言葉だが、都市環境を維持していくためには、経済成長や公害対策だけでは不十分で、社会的、文化的な持続可能性を考慮した統合政策を考えるべきだという立場である。

クリエーティヴ・シティ

九〇年代に入ると、さらにクリエーティヴ・シティ（創造的都市）という新しい構想が国際的に注目されるようになる。技術革新とか人間の創造力という意味で使われるイノベーションという発想を都市の空間に持ち込んで「都市の創造性」ということを重視しようという発想だ。創造的な人間がたくさん住んでいる都市ほど社会的、文化的に発展し、しかも産業的にも成果を期待できるという考え方だ。後藤和子・埼玉大学教授の話によると、このクリエーティヴ・シティ構想のコアとして重要な役割を果たしているのが「クラスター」というコンセプトである。クラスターとはブドウの房のような集合体を指す言葉である。重厚長大な大企業が真ん中にあって、そのまわりに下請け中小企業が蝟集するという従来型の産業構造とは異なる。ボローニャのような中部イタリアの地方都市でよく見られる、ジャンルの異なる小さな企業がたくさん集まってブドウの房型の集合体を形成し、活発な相互作用によって発展していくという新しいタイプの産業モデルの有効性を示唆するコンセプトだ。残念ながら、「一にも二にも景気回復」という「常識」のがんじがらめ状態が続く日本では、こうしたヨーロッパの文化や都市の再生が伝えられることはほとんどなかった。日本列島は、二十一世紀の世界の文化胎動から完全に孤立し、惰眠を続けてきたと非難されても反論は困難だろう。

トップダウン方式から地方分権へ

周縁部の諸都市で「文化による街おこし」がさかんになるとともに、いまヨーロッパでは文化や文化政策のあり方を根本的に問い直そうという気運が高まっている。この地域の人びとは長い間伝統的に、芸術や文化をパブリック・サーヴィスの対象、つまりその発展・振興に国や自治体が巨額な公的資金を投入するのは当然、と考えてきた。強力な文化省を擁して国が中心になって文化政策をすすめる「国家主導型」のフランス、ドイツやスイスは連邦政府は前面に出ず、州や県、地方自治体が文化支援を行なう「地方自立型」、政府が直接、文化に介入するのを嫌い、「アートカウンシル」など、さまざまな文化機関を通じて支援する英国の「アームレングス型」と、国によって文化政策はまちまちである。だが、ヨーロッパ諸国はいずれも芸術文化を重視し、パブリック・サーヴィスの対象として、公的資金、税金によってその振興につとめてきた。

税金を投入するのだから、芸術文化なら何でも支援するというわけにはいかない。これまではより優れたもの、より質の高いアーチスト、芸術作品を選んで支援するのがふつうだった。国やお役所が市民のために芸術性の高い文化を選定する「トップダウン方式」が取られてきたのである。一般市民に優れた芸術文化に接する機会を提供しようという「上からの文化の民主化」であり、市民の文化的ニーズに敏感に対応する姿勢は十分とはいえなかったのである。文化政策の対象になるのは大衆になじみのない偉大な芸術か難解な前衛作品がほとんどで、文化政策の受益者は知識人や富裕階級に限定され、ハイカルチャーに無縁な一般大衆は文化からいよいよ遠ざかる現象さえ見られた。パリやロンドンのような大都会に新たな巨大文化施設が建設されて文化の首都集中にさらに拍車がかかり、中央と地方の格差は広がるばかりで「文化の地方分権」は一向にすすまないという批判も根強いようだ。しかし、ヨーロッパ周縁部の各都市で繰り広げられている「文化による街おこし」によって、「トップダウン方式」の文化政策は影が薄くなってきた。国にかわって地方自治体が自主的に文化政策を決定し、都市同士がネットワークを組み、場合によっては遠くアフリカやアジアの地域との文化交流を展開する時代が訪れようとしている。ヨーロッパでは、国単位の「トップダウン方式」の文化政策にピリオドが打たれ、越境し、相互影響を深め合う「文化の地方分権型」の地域文化政策が次の時代の文化創造の主役を演じる可能性が高まっているのである。

マルローからラングへ

芸術文化は不滅といわれるが、現代はグローバリゼーションが加速化する時代だ。文化のあり方も、それを支える文化政策も時々刻々、慌ただしく流動し、変化していく。「文化大国」フランスも例外ではあり得ない。フランスに強力な文化省が誕生したのは一九五九年であり、初代大臣に世界的な大作家であるアンドレ・マルローを迎え、以来この国は国家威信を賭けて積極的な文化政策を推進してきた。マルロー自身は文化省の役割を次のように定義している。「人類にとってフランスにとって重要な作品に、出来るだけ多くのフランス人が触れるようにする。私たちの文化遺産により広汎な大衆が接する機会をつくるとともに、それをさらに豊かにする芸術や精神の作品の創造を奨励する使命を持つのが、この文化省だ。」彼の悲願は明らかに世界的傑作と大衆を直接結びつけることであり、その文化政策はハイカルチャー重視を基本姿勢とするものだったといえよう。しかし一方では、彼はより広汎な大衆、万人への芸術文化の開放という理想に燃え、そのために全国の主要都市に「文化の家」を建設し、その建設費も運営費も国と自治体が折半で負担するという方針を明確にした。地方の若手芸術家の育成で都市・自治体が演じる役割を重視し、いわゆる都市レベルでの文化政策を軌道に乗せたのもマルローだったと評価されるゆえんだ。

このマルロー路線を踏襲しながら、それをさらに拡大・発展させ、エリート主義的な色彩を薄め、ボトム・アップ方式の拡大路線を打ち出したのは、ミッテラン左翼政権のジャック・ラング文化相（一九八一〜九三年）である。弱冠三十九歳で大臣に抜擢されたラングは、それまで文化政策の対象外だった現代舞踊、ロック、ジャズ、漫画、サーカスを新たに支援対象に追加して、一般大衆、若者に文化参加を呼びかけたのだ。一部のエリート文化人はこの路線拡大を「芸術性を無視した大衆迎合の政治的人気とり」とはげしく非難したが、若いアーチストや新しい文化のクリエーターたちは新路線を熱狂的に歓迎し、若者たちも熱い拍手を送る。ラングは一躍、時代の寵児となり、ミッテラン大統領と人気を競う大物政治家にのし上がった。「文化は明日の経済」と文化重視を公約にうたった大統領は、深刻な不況と失業に直面しながら八二年に国の文化予算の倍増を決定し、ラング改革を全面的に支援する姿勢を示したのである。文化予算を国の予算の一％まで引き上げるという方針が打ち出されたのも、ミッテラン時代のことだ。この方針は、政権が左から右に変わっても踏襲され、現在のシラク保守政権も二〇〇四年の文化予算として前年度比五・八％増の二六億ユーロ（一ユーロ、一三三円で換算すると、三五四〇億円）を計上している。国家予算は二八三七億ユーロだから、ほぼ一％の水準を維持しているといえよう。

ラングは路線拡大と併行して、文化の地方分権化でも大きな改革を行なった。彼は各レジオン（地方圏）に文化省の代表部、DRAC（文化事業地域指導部）を創設、地域や地方都市が自らの文化政策をパリではなく地元で決定できる仕組みを全国的に作りあげたのである。地方自治体はこの制度を利用して自主的に自らの文化政策を作成してDRACに持ち込むようになり、地方の文化参加が急速に全国に広がって行く。文化省はさらに将来、地方の文化責任者になる人材の養成にもつとめた。上述のナント市の画期的な「文化による街づくり」をプロデュースした同市のボナン文化局長もこの養成機関の出身者だ。自治体は外部から有能な人材を契約採用し、その下に文化政策のプロチームを編成して、たがいにオリジナルなプログラムを競い合うようなことになった。文化は首長選挙の大きな争点として有権者の注目を浴び、文化政策の成否いかんで首長の当落が決まりかねない「文化の地方分権」時代が到来したのだ。各自治体は年々、文化予算を積みあげる傾向が全国的に定着し、地方都市が文化事業に年間予算の一〇％以上の資金を投入するのもありふれた現象になったといわれる。

活発な文化政策論争

地方自治体の文化予算の総額が国の文化支出を遙かに上回る事態が出現したのである。現在、地方自治体の文化予算総額は、国全体の文化支出の四九・五％に達しており、文化省予算はそのわずか一九・八％に過ぎない。フランスは長らく、文化に国の威信を賭ける国家主導型の文化大国とみなされてきたが、財政的にはフランスはすでに「文化の地方自治」時代に突入した感が強い。フランスの文化政策はいま、自治体と国の共同プロダクション型に変化しつつあるといえよう。

とくに人口一万人以上の市では、国に対して自分たちのポリシー、文化事業のノウハウ、時には自立性を主張する傾向が目立つようになった。地方では、国は「文化の地方分権」を口では唱えながら、いぜん文化のパリ一極集中を改めようとしないという不満をよく聞く。パリの四大文化施設、国立図書館、オペラ座、ルーブル美術館、ポンピドー・センターだけで、二六億ユーロの文化省予算の四分の一を食いつぶしているという非難である。少数意見だが、地方の文化関係者、地方議員のなかには、国はすべての権限、たとえば文化遺産に関するすべての権限を地方に移譲すべきだとか、地域と自治体が地方の文化活動の経費の大半を負担しているのだから、自分たちが国の介入ぬきで自主的に文化政策を決定するのが当然、という強硬意見も出始めている。しかし、公的資金を投入する以上、質の高い芸術性の維持、前衛的な文化創造の重視という基準の設定はぜひ必要という意見も根強く、ハイカルチャーと一般市民の文化的ニーズのバランスをどう保つか、という文化政策論争も活発だ。トップダウンか、ボトムアップか。政策決定のあり方をめぐる堂々めぐりの議論も当分尽きそうもない。住民の民意尊重といっても、巨大人形の街頭公演や膨大な群衆を広場に集める市民舞踏会の開催がすべてパブリックな文化事業といえるかどうか、大衆動員型のイベントをどう判定するかも、むずかしい問題だといえよう。だが、これまで芸術や文化に触れることがなかった一般市民が自治体の文化活動に積極的に参加しはじめたことも事実だ。

マルローによる文化省創設からほぼ半世紀をへて、いまフランスでは文化のあり方、文化政策の方向があらためて根底から問い直されようとしている。「文化は商品にあらず」「文化は例外扱いが必要」という立場を貫いてきたフランスの文化政策がどう変化し、今後どう展開していくのだろうか。遙かな極東の国に住むわれわれも、大きな国際的影響が予想されるその推移を、注意深く見守っていかねばなるまい。

都市が文化を競い合う時代

「芸術や文化は不滅」といわれてきたが、アメリカ中心の文化のグローバリゼーションが世界の隅々まで浸透する一方で、ヨーロッパ、ことにその周縁部では都市を中心とする「文化による街おこし」が相次ぎ、国境をこえた都市同士のネットワークが結成され、国単位の文化戦略や文化政策に代わって、都市が文化を競い合う多極型の文化創造が広がろうとしている。二十一世紀のヨーロッパ文化は、輝きを取り戻した周縁部の諸都市の再生によって新たな文化胎動期を迎えるのではないだろうか。文化のあり方も、少数のエリート知識人、富裕階級の目当てのハイカルチャーから、若者、一般大衆の参加を見込んだ「地方分権型」の万人向けの文化活動中心に移行しつつあるようだ。こうした変化は一九八〇年代にスタートし、わずか二十年足らずの歳月のうちに各地で着実に根を降ろし、次代のヨーロッパ文化のあり方を決定づける勢力に急成長したのである。たまたま、この変化が始まった時期にヨーロッパに滞在し、その後もしばしば日欧間を何度も往来した筆者は、傍観者ながらこのヨーロッパの文化状況の変容を目撃し、「文化も文化政策も生きもの、時々刻々、活発に変化し続けている」と痛感せざるを得なかった。文化政策論争一つ起こらない「百年、河清を俟つ」かのごとき日本の状況に苛立ち、この国の前途に深い不安を覚える日々が続いているといっても過言ではない。文化庁が発足したのは一九六八年だが、三十数年たっても日本に文化政策があるのか否かいぜん不明の状況が続いている。一昨年暮れに「文化芸術振興基本法」と銘打った法律が誕生したのだが、メディアから完全に黙殺されてしまった。「文化の軽視」と怒りたいところだが、内容を読んで唖然とした。「文化芸術の重要さ」が繰り返し強調されているが、「どのように、いつまでに」という記述はまったく見あたらない。支援対象もハイカルチャーから落語・漫才、歌謡曲、柔道・相撲まで網羅的に列挙されているが、具体的にどのような支援を行なうのか、どの程度の公的資金の投入を予想しているのか、という肝心な点についてはいっさい説明がないのだから呆れるほかない。

筆者はかねがね、グローバリゼーション、ディジタル革命の大波に洗われる日本はいま、未曾有の文化の危機の渦中にあるのではないかと考え続けてきた。若者や少年の発作的な殺人事件が相次ぎ、政財界のトップの座にある人びとのスキャンダルや腐敗が日常茶飯事になった時代である。若者たちは希望を失い、企業社会に忠誠を誓った大人たちも生きる方向性を見失って途方に暮れるばかりだ。一九九五年の阪神淡路大震災、オウム・サリン事件以降、日本列島は「崩壊感覚」の深い霧にすっぽり覆われてしまったかのようだ。日本人の多くが価値観やアイデンティティを喪失する深刻な文化の危機に喘いできたといっても過言ではあるまい。

もう一つのヴィジョン

文化の危機とは何か、それを克服する方途は、という問題を考える手がかりとして、マルチーヌ・オーブリ女史（リール市長、元労相）の言葉を引用したい。「文化とは〈意味〉を与えるものである。われわれの社会にはもはや、〈意味〉も、集団的な野心もない。かつて、これほど文化が必要とされたことはなかったのだが……結論すれば、主要な目的が財の消費であるような社会では、いつもそれ以上の物質という考えが他のすべてに優先されることになる。ところが文化は、もう一つのヴィジョン、もう一つの出口、別のさまざまな価値をもたらす。それだけではない。一枚の絵を前にし、一つの音楽を聴き、あるいはお祭りにとけ込んで分かち合う感動は、同時に個人主義の行き過ぎやオタク化と戦うことを可能にしてくれる。」

オーブリ女史の言葉を敷衍すれば、「日本の社会はモノとカネの追求を主要な目的とする社会であり、そこでは効率主義の原則が他のいっさいに優先する」といえるのではないだろうか。問題なのは、もう一つのヴィジョン、出口、あるいは価値を提供してくれるはずの文化が、日本ではまったく話題にものぼらないことだ。したがって、「文化の危機」を憂慮するお偉方は、オタク空間の孤独に立てこもる少年や若者に対しては、よりきびしい規律や集団訓練を強要し、企業崩壊で生きる目的を失った大人たちには、戦前の愛国心を持ち出して、日本人のアイデンティティを復活せよ、と繰り返すのだ。だが、オタク青年が求めているのは「生きる希望」であり、友情と共感の世界であり、価値喪失になやむ大人たちは、生き甲斐にかわる「生きる喜び」の再発見を切望しているのだ。悩める人びとが必要としているのは、芸術や文化であり、それを通じての真のコミュニケーションの回復であって、古めかしい愛国心や道徳でがんじがらめの規律ではないはずだ。

たしかに、ヨーロッパと日本では、伝統も社会のあり方も異なる点が多々ある。しかし技術革命により生活のスピード化に追われ、管理社会のきびしい制約下で生きることでは、ヨーロッパ人も日本人も共通の問題、同じ悩みを抱えている。モノに埋もれて暮らしながら、精神的な価値観、いのちの意味を見失いがちだというのも、共通の問題であろう。ヨーロッパでは芸術文化を「エリート主義の教養」という桎梏から解放して、一般市民、万人の「生きる喜び」の源泉として捉え直そうという運動がさかんだ。「文化による街おこし」もそうした試みの一つである。そもそも、芸術性と大衆性の相克、前衛性と分かり易さの対立という問題をはらんでいる文化政策をどう決めるか。国と地方都市、さらに民間メセナの役割分担を今後どうするかなど問題山積で、文化政策の試行錯誤と軌道修正はまだまだ続きそうだ。しかし、現代では芸術文化が市民の自由と「生きる喜び」に奉仕するかけがえのない手段だというヨーロッパの考えは、普遍性のあるコンセプトとして世界に広がっていくに違いない。

便利で快適な生活を送るひとが増えたのに、日本人の表情は暗い。モノに囲まれていても、多くの人が「生きる喜び」欠乏症と価値観喪失症候群に悩まされているからではないだろうか。最新医学も最先端の科学技術も、こうした病を治してくれない。宗教による救済も可能だろうが、今日の世界でより一般的に考えられる治療手段は芸術文化だといったら過言だろうか。すぐれた芸術に接すれば感動を通じて価値観がよみがえるし、人間味ゆたかな文化は「生きる喜び」を刺激し、友愛と共感を育むからだ。こういうと、具体性に欠ける抽象論にすぎないと反発するひとがいる。ポーランド演劇の鬼才、K・カントールの面白いエピソードをご存知だろうか。彼は社会における芸術の重要性をまったく認めようとしない石頭の質問者に次のようにこたえているのである。「たしかに君のいうように芸術は無益なものだ。愛と同じようにね。」もちろん、天才らしい諧謔にとんだ逆説で、実は「目に見えず、計量出来ないからといって愛の存在を否定したら、人間も社会も空中分解してしまうではないか。芸術の存在も同じだ」と、質問者に痛烈に反論しているのである。

文化の再生なくして危機脱出はありえず

ヨーロッパの最近の文化状況、ことにその周縁部の「文化による街づくり」についてながながと述べてきたが、「隣の芝生の美しさ」を紹介するためでもなければ、その成果の直輸入やコピーをいそいでお薦めしたかったわけではない。

筆者は、日本が「経済大国」としてヨーロッパを圧倒していた一九八〇年代前半から、その経済効率一本槍の暴走ぶりを深く危惧するようになっていた。パリを訪れる政財界の大物たちが異口同音に「もはやヨーロッパに学ぶものなし」と傲然と言い放つのをよく耳にし、敬愛する先輩記者からも「君、こんなところに長居しすぎると、時代遅れになってしまうぞ」と忠告を受けたりした。昨日まで欧州礼賛を口にし、文章に書いていたひとが、一夜にしてアンチ・ヨーロッパ派に豹変するのを目撃して唖然とさせられたのも、当時の苦い思い出である。生活の質の高さ、すぐれた芸術文化に気軽にアクセスできる「生きる喜び」、広々とした公園と見事な都市景観など、「経済大国」日本にはまったく欠けているヨーロッパの暮らしのゆたかさがどうして彼らの目に入らないのか、とふしぎでならなかったのだ。帰国した翌年（一九八六年）に、こうした思いを講演会で率直に語ったことがある。『文化』は大国日本のアキレス腱」という挑戦的な演題だったと記憶している。

その後、一九八四年から始まった日仏文化サミット（仏文化省と朝日新聞共催）で日本側事務局長をつとめ、続いて九〇年からは京都で開かれたその第三回目の会議「文化と企業」の成果を踏まえて創設された企業メセナ協議会の専務理事に就任したのも、繁栄の影で犠牲にされ、ないがしろにされてきた日本の芸術文化を復権、文化支援システムを確立したいと念願したからだ。しかし、バブルが崩壊し大不況が長期化すると、「一にも二にも景気回復」の大合唱が起こり、メセナものび悩み、マスコミや世論もにわかにトーンダウンしてしまう。筆者はふたたび天邪鬼な少数派に逆戻りし、「常識」にあらがって芸術文化の重要性やメセナの必要性をアピールすることになった。ときには一匹狼のような孤独感に悩まされることもあったが、「文化の振興・再生なくして、日本の危機脱出はありえない」という筆者の信念に共鳴し、応援してくれる友人や先輩たちに励まされて、「メセナへの道」を歩み続けることができた。昨年暮れに『グローバル化で文化はどうなる？——日本とヨーロッパの対話』（藤原書店）を上梓することができたのも、これらの諸氏から頂いた協力と支援のお陰だと感謝している。内外の知識人・文化人一七人による同じタイトルの国際シンポジウムの全記録で、海外からは、現代フランスを代表する大知識人のエドガー・モラン氏、ヨーロッパとイスラムの関係にくわしい国際政治学者のバッサム・ティビ・ゲッチンゲン大学教授、カリブ海文学を代表する女流作家のマリーズ・コンデ女史らが来日、日本側を代表する加藤周一、辻井喬、平田オリザ、四方田犬彦、筑紫哲也氏らと白熱の討論を行なった。さらに近年、ヨーロッパ周縁部の「文化による街おこし」を現地取材できたことも、大変有益だったと思っている。「日本の文化危機も、世界同時進行の文化の危機の一環」という認識をさらに深めることができたからだ。

本書は、二十年来、文化や文化政策、メセナ問題にかかわってきた筆者の発言や文章を集めたものである。あえて、クロノジカルな順序を逆にして、最近の情報や知識を紹介するプロローグを巻頭に掲げたのは、いま日本の危機克服の方途をさぐる最良の手がかりは「日欧の対話」をふたたび深めることだという確信による。次章以下の本書の内容は、首尾一貫した論文集というより、日欧の文化をさまざまな角度から比較した記事や随想、インタビューで構成された「随談集」に近い。ジグザグな「メセナの道」をたどってきた筆者の苛立ちや個人的な感情が随所に顔を出し、話が飛躍したり、議論が行きつ戻りつを繰り返す箇所があると思うが、メセナ運動のリアルな記録としてお読みいただければさいわいだ。

日本人と文化
――メセナ（文化支援）の視点から

1　文化は大国日本のアキレス腱

本論考はいわゆる「日本文化論」ではない。律令国家の昔から中国大陸文明の圧倒的影響をこうむり、明治維新以降は一転して欧米文明を追い求めてきたわが国の文化の変遷は複雑きわまりない。本格的な文化論を展開するには和漢洋の大変な学殖と深い洞察が必要だが、筆者にはその能力も野心もない。したがってこの小論は、メセナ（文化支援）運動に発足からたずさわってきた経験から、より低い目線でわが国の「経済極大・文化極小」の現実をながめ、私なりに文化状況の現状分析を試みたものである。

経済極大・文化極小国日本

「日本はよくきれる妖刀だが、気品あふれる名刀ではない。」企業メセナ協議会発足の記者会見

（一九九〇年二月）で天谷直弘氏は、わが国の「経済極大・文化極小」現象を鋭く批判した。周知のようにわが国は、すぐれた製品を海外に大量輸出する。しかし現代文化の創造で世界に大きく貢献することはない。モノは輸出するが、文化はいぜん大量輸入超過を続けている。その〝ブラック・ホール〟ぶりは海外の眼にもひどく異様に映るようだ。「これまでの歴史で経済的にめざましい発展を遂げた国では芸術や文化も栄えたものだが、今日の日本からは精神文化を高める香気は一切立ち昇ってこない」（ウォルフレン著『日本権力構造の謎』早川書房）。

実はこうした現象はいま始まったわけではない。加藤周一氏は早くも一九六四年に的確に次のように指摘していた。やや長文だが是非紹介しておきたい。「要するに外からみた日本は、その技術水準においても、その生産の規模においても、一流の工業国である。しかし国際舞台では、さしあたり鳴りをひそめていて、その将来の方向は見当のつきかねる国である。その文化は過去に偉大な歴史をもっていたらしいが、いまそれがどうなっているのか、だれにもはっきりしない。専門家を別にすれば、外国の知識層一般の日本像はおおよそそんなところであるだろう。もし国際的孤立ということばを使うとすれば日本の孤立は経済的な面から破れた。しかし政治的・文化的な孤立は、おおすじにおいて、まだ変わっていないということになる」（『エコノミスト』誌、一九六四年十月二十七日号）。

国際舞台でのわが国の政治的孤立は政府が強引に自衛隊のＰＫＯ派遣を決定したにもかかわらず深まる一方だが、文化的孤立も加藤氏が四分の一世紀以上も前に指摘した状態からすこしも前進していない。いやその間、日本は経済的に大躍進を遂げたから、経済の肥大に比例して文化の貧困はいっそう深刻になっているはずである。

日本は不思議な国だ。日常生活で使うちょっとした皿や小鉢などにも繊細な美的感覚が生かされている。西欧家庭の日常生活よりずっと、文化的だ。世界の古都といわれる奈良や京都には古い歴史的記念物や見事な庭園、美術作品が保存されている。しかし日本人は、その美観を醜い現代の構築物で破壊して平然としている。京都でかつて、駅前にぶちこわしなタワーがそびえたったさいには、激しい景観論争がまき起こったが、性懲りもなく、またもや京都駅の超高層化が強行された。かつてナチスに徹底的に破壊されたワルシャワが戦後、市民の意思で戦前の姿に蘇ったように、欧米では国も国民も歴史的景観の維持に大変な努力を傾けてきた。おかげでどこの都市もそれぞれ独自の都市景観を誇っているが、わが国を旅行してがっかりするのは、どの地方都市も金太郎飴よろしく、殺風景な東京の混乱を忠実に再現していて、全く非個性的なことだ。われわれ日本人は世界でも暮らしに芸術文化を積極的に取り入れ楽しんできた国民といわれるが、他方では、都市景観の破壊を平然と受け入れてきた。「一体、日本人は文化的なのか、文化破壊的なのか」と海外の人々からいぶかられても不思議ではない。

統計・資料の欠落は何を意味するか

日本人気質は形而上的な思考や深遠な宗教的神秘主義とは肌が合わない。われわれの先祖たちは明治の近代化以前から、ちゃっかりした実利主義的なものの考え方を身につけてきた。そのおかげで明治維新や第二次世界大戦敗戦後の一八〇度方向転換をあざやかに切り抜け、世界史的にみても驚異的なスピードで近代化の実現に成功した。だから、われわれは統計が大好きだ。わが国の経済人が海外を視察すると、よく訪問国の経済統計の貧困を槍玉にあげる。そうした統計や指数なら、日本は決して他にひけを取らないと豪語する人もいる。ちなみに現在の日本の国民総生産（GNP）はフランスの三倍強、英国の四倍近く、〝欧州の超大国〟といわれる旧東西両独が合体した新ドイツの二倍に迫ろうとしている。一人当たりGNPでも米国を抜いた。金融経済スキャンダルで平均株価が一万五、六千円台の低迷を続け、景気の後退が深刻化しているが、貿易黒字はいぜん雪だるまのように膨らみ続け、世界の金満国として国際的な羨望の的になっている。数字好きな気質を反映して、われわれは経済や技術の分野なら豊富な数字や統計資料を駆使したがる。

だが不思議なことに芸術や文化の領域の話になると、数字も統計もほとんどゼロに近い状態なのである。わが国の文化庁は一九八八年に同庁発足二十周年を記念して、はじめて五〇〇ページ近い大冊の『我が国の文化と文化行政』を発表した。白書形式のこの報告書は冒頭の部分で、次のように文化振興の現代的意義を強調している。「現在、我が国は、国際化の中において、経済的に実力を持つ国となったが、それだけに、国際社会の一員として、特色ある伝統文化を継承しながら、優れた文化を創造し、世界に貢献する責務と役割を担っていくことが、ますます必要となっている。およそ、一国の文化は、その国のアイデンティティを形成する源であり、我が国文化もまた、我々日本人の国民性を規定してきた。今後、我が国が、国際社会の中にあって立派に生きていくためにも、世界の文化発展に貢献することが必要であり、それによってまた、実りある国際的文化交流が可能となり、新たなアイデンティティが確立されていくこととなろう。今日の重要な課題は、国際的視野を持って、文化の振興を図っていくことであろう。」ご説ごもっともと言いたいが、現状分析に不可欠な基本的な数字や統計の記載がきわめて不十分なのに失望せざるを得なかった。いくつかの資料も映画雑誌、美術家名鑑、文芸年鑑、国勢調査を寄せ集めたもので、文化行政の中心である文化庁独自の調査・統計がほとんどないのは淋しい限りだ。経済・技術の分野なら国や民間による豊富な専門統計資料が揃っているのに、芸術・文化の領域だとしっかりした統計調査が存在しないことは、わが国の「文化の貧困」を如実に反映していると言えよう。

フランスの文化施策とわが国の現状

フランスは強力な文化省を擁し、国家予算のほぼ一%を文化振興に当てている世界屈指の「文化大国」だ（ちなみにわが国の文化庁予算は約〇・一一%＝二〇〇一年）。同省には充実した研究調査局があり、実にたくさんの調査数字、統計を逐次、発表している。最近入手した「文化の発展」と題する同研究調査局のいくつかのレポート（ブルチン）を紹介することにする。たとえば地方都市の公的文化支出の統計は、一九九〇年度に人口一五万以上のフランスの地方都市（首都パリを除く）は平均、年間予算の一四%強の文化支出を行なったことを明らかにした。これによると、いわゆるハコ（文化施設）づくりに支出の大半が費やされるわが国の地方都市と異なり、フランスでは都市の文化支出の半分強が催しの運営そのものに使われていることが分かる。ことに伸びているのは、スペクタクル、演劇その他の公演費と美術館の運営費だ。「文化享受の新しい傾向」や「フランス人と音楽」、「現代芸術の市場」という一般的な傾向の調査研究もあれば、「十歳から十四歳のこどもたちと映画」、「高齢者の文化享受」というようなより個別的なテーマの詳細な統計分析もある。これらのブルチンを読めば、誰でも現代フランスの文化状況の変化を容易に把握できるわけだ。

同調査局の手で、より総括的な資料集『フランスの文化政策——一九八一〜一九九一年』も刊行されている。ミッテラン政権が誕生した八一年以降の仏左翼政権十年間の文化政策・文化行政の総まとめといえる内容だ。ミッテラン政権は政権の座に着くと深刻な経済危機にもかかわらず、「文化は社会党の最重要政策」という選挙公約を守って文化省予算を一挙に倍増した。造形美術、美術館、音楽とダンス、演劇とスペクタクル、書物と読書、映画など、ジャンルごとの小冊子十数冊からなるこの資料集は、過去十年間のフランスの文化政策の大要を簡潔に示すとともに、その将来を占う貴重な手掛かりを提供してくれる。先に紹介したわが国文化庁刊行の『わが国の文化と文化行政』が「新たな創造への先駆的な、野心的な試みを可能にするためには適切な公的援助が不可欠……」「こうしたものに対して奨励援助を行ない、その振興を図って行くことは、文化行政として考慮しなければならない重要な点……」(傍点、筆者)とようやく抽象的に及び腰で問題を提起しているにとどまるのに比べて、フランスの文化に関する調査報告は、きわめて直截、かつ具体的な現状分析を行なっているのが印象的だ。残念ながら、この彼我の格差はそのまま、充実したフランスの文化政策と「文化政策不在」のわが国の現状との違いをあざやかに浮彫りにしているようだ。

そのGNPがわが国の三分の一しかないフランスの文化省予算が三〇〇〇億円を超えているのに、経済大国、日本のわが文化庁予算は五〇〇億円に満たない。「わが国では、国家主導型のフランスと違い、文化も民活で行なわれている」と反論しようとしても、わが国の民間企業の文化支出の多くは「文化でモノを売る」宣伝広告型支出で、いわゆる欧米のメセナ（文化支援）とはいえない。さらに「民活型」と言っても、経済界全体の文化支出の統計も分析も存在しないのだから、日本全体で文化にどれだけカネを使っているのか皆目見当がつかないというのが実情なのである。

根底に芸術に対する日本人の意識

問題は、統計や数字の不在だけでない。欧米諸国はそれぞれ、個人・企業所得の一〇％（アメリカ）、企業純利益の五％か、売上高の〇・二％（ドイツ）、売上高の〇・一％から〇・三％（フランス）といったぐあいに民間の文化支援に対するハッキリした文化優遇税制を取っているのに、わが国では企業の文化支出に対する特別の税制上の配慮はなく、免税は悪名高い企業の政治献金をふくむ、企業一般寄付金の免税枠の限度内と定められている。どうしてわが国は先進国が軒並みに整備済みの文化優遇税制を採用しなかったのか。「政府や大蔵省が悪い」と非難することは容易だが、実は真の原因はわれわれ国民自身にあるのではないだろうか。「モノとカネの時代が終わって、文化の時代を迎えた」と言うが、わが国の社会には、いまだに「芸術文化にたずさわっている人間は道楽で好きでやっているのだから、彼らを援助する必要はない」という偏見が根強く残っている。かつて歌舞伎役者は河原者とさげすまれた。欧米の社会ではすぐれた芸術家は「精神の王者」として大経営者もその前にひざまずくほどだが、わが国では芸術家は物好き、世捨人、実業家に対する虚業家扱いされ、その地位は歴史的に低かった。芸事は庶民の暮らしのうるおいとして認められてきたが、芸術を「精神の作品」として高く評価し尊敬する気風は一般にとぼしかった。いまでもわが国には

「好きで殴り合いをするボクサーを税金で養成する必要はない。ボクシングがハングリー・スポーツであるのと同様に、すぐれた芸術家も貧困との闘いから生まれる」と公言してはばからない人士が少なからずいるのである。

一昔前の話だが、「米国では」「フランスでは」と、何かというと外国の例を持ち出して日本の社会現象に批判を加える人は「出羽守」とからかわれた。「……デハ、デハ」と口癖のように繰り返すことを皮肉った言葉だ。筆者も「出羽守」の長口舌をふるうのは苦手で、その轍は踏みたくないとつねづね念願してきた。しかし、芸術文化に関する限り、これまで述べてきたように国内にほとんど資料らしい資料も統計もない。わが国には今日の芸術文化活動を支える土台（インフラストラクチャー）すらできていないのだから、海外の「文化のインフラ」の事例をどうしても参考にせざるを得ない。「出羽守」の非難覚悟の上で、海外事例の具体的紹介をあえて続ける次第である。

なぜ芸術文化には支援が不可欠なのか

さて「芸術に対する支援は必要か、否か」という問題について、米国では、ほぼ四分の一世紀前の一九六七年に早くも膨大な研究調査報告が出版されており、〝支援の不可欠性〟が広く国民一般から認められているのである。報告書の題名は『実演芸術《パフォーミング・アーツ》——その経済的ジレンマ』。内容は、オーケストラ、バレエ・ダンス、演劇など、全米各地の実演芸術活動をボーモン、ボーエルという二人のすぐれた米国の経済学者が二年がかりで実地調査したもので、「公的支出、民間のカネを問わず、支援がなければ、ニューヨークが世界に誇るブロードウェイの灯も遠からず消え去ってしまう」

というショッキングな予測を初めて明らかにした、画期的な労作である。世界の文化支援関係者から、「古典的名著」と高く評価されている本だ。

実演芸術の公演を、資本主義生産の工業製品同様に、ひとつの「商品」として考えてみる。工業製品の場合は、企業が経営合理化と大量生産化によってコストダウンを図ることが可能だ。たとえばある時計メーカーがディジタル時計を開発するとする。最初は膨大な研究開発費、工場建設費を投入しなければならないが、大量生産が進めば進むほど、製品、ディジタル時計一個当たりの生産コストをどんどん引き下げることが可能だ。ところがベートーベンの第九交響楽のコンサートの場合、演奏者のギャラや施設使用料は年々、値上がりする。欧米では芸術公演のパブリック性が重視されるから、経費の増大に比例して入場料を引き上げることはむずかしい。合理化努力といっても、管弦楽演奏者を減らしたり、コーラスを半減したりするわけにはいかない。つまり、実演芸術の公演では大量生産化も合理化もできないから、生産コスト、公演費は年々上昇し、公演を続ければ続けるほど赤字が累積することになる。公的支出、あるいは民間からの支援のいずれかがなければ、公演維持は不可能になり、いつかは「ブロードウェイの灯も消える」ことになろう、というのが上記の労作の結論である。

『実演芸術――その経済的ジレンマ』の研究調査、刊行の資金を提供したのは、富豪デヴィッド・ロックフェラーが作った二十世紀財団だった。米連邦政府は、この科学的調査にもとづいてNEA（米国芸術財団）を創設し、公的な芸術文化支援に乗り出すとともに、個人・民間企業の非営利芸術団への寄付、支援金の増大をねらって抜本的な文化優遇税制を確立したのである。この本は米国内のみならず、世界各国の文化関係者の〝必読の書〟になった。この歴史的名著の出現によって、現代における文化支援の必要が初めて世界的に認識されるようになったのである。ところが、わが国ではごく最近まで、この本の存在すら知られなかった（企業メセナ協議会の協力のもとに、社団法人・日本芸団協が翻訳を進め、一九九三年春、やっと出版された）。日本は海外で評判になった経済や経営学の本なら奪い合いで直ちに翻訳・出版する世界でも指折りの〝翻訳大国〟なのに、現代の文化振興のあり方を根本的に問い直した画期的な名著『実演芸術――その経済的ジレンマ』の翻訳を四分の一世紀もの間、怠ってきた。経済や技術に関する海外の情報は溢れていても、文化創造のカギを握る文化支援のインフラについての情報はゼロに近いということを裏書きする一例といえよう。

急がれる芸術文化支援専門家の育成

ほぼ時期を同じくして、米国では現代の文化創造を経営学的立場から支援することを目的としたアート・マネジメント、アート・アドミニストレーションの専門講座が全国の大学、大学院に設置され、現在その数は大学学士号課程で約六〇、同修士課程で二八にのぼっている。政府のカネか民間のカネか、その出所のいかんを問わず、芸術文化活動には外部からの支援が不可欠であることがはっきりした以上、援助する側と援助を受ける芸術家側との間に立って、有効に援助を活用する手助けをする人材が必要になる。そうした人材を育てるのが上記のアート・マネジメントやアート・アドミニストレーションの学部である。この新学問がスタートしたのは一九六七年だから、米国ではすでに大量の人材が文化支援の領域で活躍している。世界的に有名なニューヨークのグッゲンハイム現代美術館の館長のクランツ氏もその一人だ。

米国に続いて欧州諸国も新学問アート・マネジメントを早速、それぞれの高等教育に導入した。フランスではパリ大学はじめいくつかの国立大学が専門講座を持ち、芸術経営の専門家の育成に努めている。わが国では正規の専門課程を持つ大学は国公立、私立を問わずまだ一つもない（一九九一年に慶応大学文学部にアートマネージメント講座が開設され、その後全国の国公立、私立大学で相次いで、アートマネージメントコース、芸術運営コースが設置された。二〇〇五年現在では東京芸大、埼玉大大学院、山梨大学、昭和音大、同大学院、静岡芸術文化大学、京都橘女子大、京都造形芸大などがアートマネージメント系教育を行なっているが、方法もカリキュラムもまちまちで、アートマネージメント教育が正規の課程としてわが国に定着したとはいいがたい状況が続いている）。

経済や技術では欧米と互角以上の実力を身につけたといわれる日本だが、これまで見てきたように、現代の文化創造を支える大切な文化支援のインフラ整備の領域では大きく立ち遅れていると言わざるを得ない。わが国は効率一本やりの驚異的な経済発展を遂げたが、「文化的プレザンス」を欠くその躍進は、米国はじめ先進諸国との経済摩擦が激化するなかで、国際的孤立感を深める一方だ。だとすると、「文化の貧困」こそ大国日本のアキレス腱なのではないだろうか。

2　華やかな文化状況——その実像と虚像

第一節では、海外の文化振興の事例をあげて、「経済は大国、文化は貧困」といわれるわが国の文化のあり方の特異さを、若干の国際比較によって明らかにしようと試みた。本節では、「モノ、カネ万能」から「文化の時代」への移行期ともいわれる、現在のわが国文化状況の実態を検証したい。

バブルの上に咲いた華やかな〝文化〟

昭和末期から平成へ——時代の変化とともに日本はひさかたぶりに〝文化ブーム〟に沸いた。全国津々浦々で最新施設を誇る文化施設や音楽ホール、美術館が続々と誕生した。過去十年間で全国の美術館、博物館、文化施設の数は倍増し、一五〇〇を超えるという。バーンスタインはじめ国際的な指揮者、名演奏家、ウィン・フィル、ニューヨーク・フィルのような優れた交響楽団が相次いで来日し、日本にいながらロイヤル・シェイクスピア劇場、ピーター・ブルック劇団、スカラ座、ボリショイ・バレエ団など世界屈指の舞台芸術の公演を、カネに糸目をつけぬ限り自由に楽しめる時代になった。泰西名画から現代美術にいたる海外の美術展の開催もひっきりなしだった。バブル景気で、大企業や財界の富豪がゴッホ、ピカソ、ルノワールなど、一点数十億円もする名画を買いあさって、「金満国・日本」を世界に印象づけるハプニングもあった。すくなくとも一極集中の東京では文化現象花盛りの状況が続いた。最近のバブル崩壊までは「モノとカネの時代が終わり、日本にも〝文化の時代〟がやって来る」という期待感さえ広がった。民間だけが文化づいたわけではない。一九九〇年には政府も戦後初めての具体的な文化振興政策ともいうべき「芸術文化振興基金」（公的支出五〇〇億円、企業寄付一一〇億円）を設立、同じ年に、経済界有志を発起人とする「企業メセナ協議会」（会長・鈴木治雄、理事長・福原義春）が創設され〝文化ブーム〟に拍車をかけた。この協議会発足とともに非宣伝広告型の企業の健全な文化支援を意味する「メセナ」というフランス語はあっという間に全国に広がり、新設の文化施設名にメセナを採用する地方公共団体が相次いだ。慶応大学に実験的な〝メセナ講座〟が生まれたのもこの年だった。

たしかに、バブルがはじけ、株価が低迷し不況が深刻化しつつある。その結果、せっかくの〝文化ブーム〟にかげりが出ていることは事実だが、国や企業の文化への意欲がいっきょに減退するとは思えない。国際化の高波のなかで、国も企業もこれまでの経済効率第一主義の限界に突き当たり、新しい方向を模索している。価値の創造につながる芸術文化の振興は、一時の好不況を越えた明日への重要な選択にかかわる問題だからだ。しかし数年来の〝文化ブーム〟が直ちに本格的な「文化の時代」に直結すると考えるのも、余りにもオプティミスティック過ぎるといえよう。

「ハコ」づくりが「文化活動」という錯覚

まず、全国的なハコ（文化施設）作りブームの実態を分析してみよう。最初は県や地方の都市が建物の外観や大きさを競う単純なハコモノ競争が流行した。その多くは音楽ホールにも見本市会場にもなるという多目的ホールで結婚式場を併設施設に持つなど、本格的な文化施設にはほど遠いものだった。しかし水戸市に充実した文化複合施設「水戸芸術館」が誕生して以来、さすがに「多目的は無目的」と悪評を買うような施設作りは次第に影をひそめつつある。しかしバブル崩壊にもかかわらず、巨大な文化コンプレックスの建設がいぜん続いている。名古屋市には六〇〇億円の巨費を投じた愛知文化センターが出現したし、三重県の津市でも三〇〇億円を上回る壮大な文化複合施設が建設された。埼玉県は県民芸術劇場を建設し、茨城県では東京芸大の一部が移転する取手市近郊に国内・海外の若手芸術家の交流をめざす施設を作った。東京一極集中現象にあらがって、地方に個性的な文化施設が続々誕生するのは地方の文化振興のためにもよろこばしい。

だがわが国では、「ハコ」さえ作れば芸術文化がさかんになるという安易な錯覚がいぜん根強く、立派なハコ（ハードウェア）が増えながら、肝心な芸術文化活動（ソフトウェア）は衰弱するという倒錯現象が目立っている。吉本光宏氏のすぐれた研究報告「今こそ芸術文化のインフラストラクチャー構築を」（ニッセイ基礎研究所の調査月報一九九〇年四月号）をご紹介する。約一五〇〇の全国の文化施設のうち公共ホールを対象とした調査によれば、平均で施設利用のない日が一四四日、休館日が五六日におよぶ。数十億円、百億を超える巨費を投じた施設が年間の六割に相当する期間、休館状態にあるという。しかも自主事業は年間わずか八日、外部機関との共催事業を加えても十一日にすぎない。施設利用のほとんどである一五三日はホールを外に貸す、貸し館事業に当てられている。ホールの利用日数をジャンル別にみると、講演や式典が半分以上を占め、舞台芸術関係の利用は五七日、年間のわずか一五%を占めるだけだ。このような施設を果たして文化施設と呼ぶべきかどうか、という疑問すらわいてくる。どうしてこのような事態が生じるのか。

その主な原因は、①ハコ作りには一館平均、三〇～四〇億円のカネを投入するが、肝心の自主事業費は年間わずか二〇〇〇万円程度しか認めないハード偏重、②ホール・劇場の運営の経験のある専門職員は一館当たりわずか三・二人という運営組織上の欠陥にある。ハコが生きるのも死ぬのも、芸術文化活動の中心はどんな芸術プログラムを組むか（ソフトウェア）、アート・マネジメント感覚を持つ人材がどのような芸術家、芸術集団を選んでどのような運営計画を練るか（ヒューマンウェア）にかかっているのだが、きわめて当然なこの事実がなかなか理解されないのである。これでは入口を大理石で飾り、高名なポスト・モダンの建築家の設計による立派な施設が全国に林立しても「仏作って魂入れず」、さっぱり文化振興の役に立たないという奇妙な事態が起こるのも当然だ。

一九八八年に京都で開かれた日仏文化サミット「文化と企業」（フランス文化省、朝日新聞社共催）に参加したわが国の芸術家たちが、異口同音に芸術創造環境の劣悪さを嘆いていたことが想起される。国際的なオペラ歌手の東敦子さんは「稽古場がないから小沢征爾氏とガード下のスペースで練習した」と述懐し、富山県利賀村でユニークな演劇活動を続ける鈴木忠志氏も「県から補助金をもらったら、その費目が過疎対策費だったのにびっくりした」と嘆いていた。目に見えるハコ作りにはカネをかけるが、見えない練習や評価の難しい公演内容などソフトは無視する。ハコモノ主義の横行はかえって、芸術文化活動を衰弱させているとさえ言えるのである。

舞台芸術を見、聴く観客は、大理石のハコを見に行くのではない。すばらしい芸術に出会いに行くのである。ソフトを全く考えないハコモノ競争が下火になりつつあることは結構だが、まだまだソフト重視の姿勢が足りないのではないだろうか。

メセナと宣伝広告（文化の商業化）

ハコモノ主義とともに注目されるのは、戦後のわが国の文化状況で猛威を振るった芸術文化の商業化の「過飽和状況」ともいうべき特異現象である。第一節でふれたように、わが国の文化への公的援助は欧米諸国に比べていちじるしく見劣りがする。国をあげての経済優先主義がながく続いたひずみの一つが「文化の貧困」を生んだのである。戦後歴代の自民党政権は文化政策らしい政策を全く持ち合わせなかった。文化財保護は一応行なってきたが、芸術文化振興の面ではごく最近まで、何ら具体的な施策を取ってこなかったといっても決して過言ではあるまい。経済や技術では国は積極的に介入して振興策を進めたが、芸術文化の領域は放置されたままだったのだ。この空白を埋めたのが、明治以来の伝統もあって、新聞社や百貨店を中心とした民間企業による文化事業だった。大規模な内外の美術展、音楽演奏会のほとんどが、これらの企業をスポンサーとして行なわれ、富国強兵で国民が貧しい暮らしを強いられた戦前期に、海外の芸術文化をとにかくわが国に紹介した功績は否定できない。しかし、企業が過当競争に突入した戦後の社会では、企業の文化とのかかわりに大きな変化が生じた。PR会社を中心としたマスコミュニケーションが未曾有の発展を遂げると、企業はきそって大胆な宣伝広告戦略を打ち出し、「芸術文化を利用してモノを売る」、〝文化の商業化〟に拍車がかけられることになったからだ。数億、数十億をかける文化イベントが流行し、企業のカネで海外のすぐれた美術展、世界一流の外国人演奏家のコンサート、あるいは国際的なオペラ座やバレエ団が続々と来日した。これが市民に、日本にいながらにして優れた芸術に接する機会を提供したことも事実である。しかし反面「文化で売る」ことを急ぐあまり、芸術や文化を看板にした俗悪なイベント騒ぎを全国的に流行させる結果も招いた。

外国では企業のメセナ（文化支援）は宣伝広告と明確に区別されているが、わが国ではその境界がきわめて曖昧なため、芸術文化の商業化の過飽和現象が生まれ、文化状況を混乱させたことも否めない。企業の文化支出が宣伝広告型に大きく傾斜した結果、①大衆動員可能な通俗的プロジェクトが優先され、②実験的な現代の創造にかかわる新しい芸術の展示や公演が敬遠される傾向が定着し、③海外の著名な芸術家の来訪がひんぱんになったために、国内の芸術家の活動範囲がかえって狭まるという皮肉な現象も目立った。企業は莫大な宣伝費を投じて派手なイベント化をめざす反面、芸術活動そのものへの支援を最小限に抑えることになった。舞台芸術の場合、制作費やリハーサルにカネが回らず、外国ならごく普通に見られる企業支援による入場料の軽減も、なかなか実現しない。庶民には高嶺の花の高い入場料、スポンサー企業によるシートの独占、執拗な冠広告に対する大衆の反発から、文化に巨額のカネを投じた企業が世論の非難を浴びる事態も発生した。それが若者の芸術離れに拍車をかけたことも否定できない。企業の健全な文化支援を標榜するメセナ運動が起こった背景には、芸術文化の商業化が行き着く所まで行ってさまざまな弊害を生じたことへの企業側自身の深い反省があったといえよう。

兼業「芸術家」にみるインフラの貧困

次に芸術家の卵たちの立場から現在の文化状況を考察してみよう。国勢調査によると、わが国の芸術家人口は一九六〇年ごろから急に増大し、八五年当時で約二一万人、うちプロといえる実演家数も五万人を大きく上回る。だが、若手芸術家の養成やその制作支援の明確なシステムを欠く現状から、彼らの芸術活動や生活水準はきわめて低い。たとえば国内のオーケストラの場合、ほとんどが専用の公演や稽古の場所を持たず、自治体や特定の団体から補助金を得ている一部のオーケストラを除けば、労働時間に対する楽団員の収入はきわめて低い水準にある。演奏家に限らず、演劇、舞踊などにたずさわる人のほとんどが公演活動以外の収益で辛うじて生活を維持する「兼業型」であることは、わが国の芸術文化の貧しさを反映しているといえよう。世界の国々、ことに先進諸国では創造的な芸術文化活動を支える文化のインフラが国家主導型、民活型の違いはあっても一応整備されているが、わが国ではいまだに脆弱、かつ未成熟だ。世界の若い芸術家たちは、整ったインフラに支えられて、プロとして芸を磨き、新しい創造と真剣に取り組んでいるのに、わが国の芸術家の卵たちは、厳しい状況のなかで細々と「兼業型」の芸術活動を維持するのが精一杯なのである。いま、日本はカネやモノばかりでなく、現代の芸術文化の創造でも世界に貢献することを海外から強く要望されているが、現状の根本的改革が行なわれない限り、次代の世界の文化創造にわが国が積極的に貢献する可能性は乏しいといわなければならない。

日本の文化のインフラがきわめて不完全なために、才能ある若い人は活動の場を海外に求める。海外で専門分野で業績をあげ、あるいは海外での高い評価を獲得して帰国し、その〝看板〟でどうにか創作活動を続けるケースも少なくない。経営や科学技術の分野ではアジアから若者が日本に勉強にやってくるが、芸術創造では、いぜん日本の若者が海外に殺到する状態が続いているのである。国民の芸術鑑賞の大半は外国の芸術家に頼り、自国の若手芸術家の養成はすぐれた海外の文化のインフラのお世話になるには、日本はあまりにも大国になり過ぎた。「いま、日本の教養が世界から問われている」（森亘・元東大学長）という指摘を真剣に考えるべきではないだろうか。

わが国の文化状況は一見、花盛りだが、その実態は「ハコモノ主義」「消費型」「ただ乗り型」の特徴が目立つ。国際的に見た日本の「文化のプレザンス」もきわめて低い。

なぜこのような状況が生まれたのか。次節では、われわれ日本人の歴史的な文化とのかかわり方の再検討を試みたい。

3 「まねぶ」から「つくる」へ

伝統的「文化創造」の欠如

「日本は経済は大国だが、文化は貧困」というと、「とんでもない。日本は他に例のない豊かな独自の文化を擁する国だ」と反論する人が少なくない。実例として、万葉集、源氏物語から芭蕉のわび・さびに至る文学の伝統、奈良・平安時代の仏教建築や仏像彫刻、あるいは枯山水様式に代表される造園技術などを列挙するのだが、いずれも伝統文化の問題であって、だから現代のわが国の「文化創造」もさかんだということにはならない。わが国は律令国家の昔から近代化＝西欧化がスタートする明治維新まで、中国大陸や朝鮮の圧倒的な文化的影響下にあった。文字や文学、仏教芸術も大陸文化を起源としている。日本の伝統文化を独自な文化といい切れるかどうかも問題だ。

「生活文化が断然すぐれている」と主張する人もいる。「ハシや食器から細々した日用品にいたるまで、われわれは洗練された趣味をもち、西欧人よりすぐれた美的感覚を日常生活で発揮している」

というのである。生け花やお茶が日常生活に取り入れられ、数百万の大衆が短い韻文詩＝俳句や短歌を気軽に作る。詩がこれほど大衆に親しまれている国は世界でも他に例がない。西欧渡来のピアノの普及率も世界屈指であり、庶民文化の水準はきわめて高い……。たしかにこうした指摘には一面の真理が含まれており、われわれのこれまでの深刻な対西欧文化コンプレックスを癒してくれる効用をもつ。だが、わが国の生活文化の水準の高さはその日その日に「文化を楽しみ消費する」性格がつよく、新しい精神的な価値をつくりだす創造性に乏しい。残念ながら「生活文化」の一般水準が欧米に勝るとも劣らぬといっても、現代文化の創造面におけるわが国の「文化の貧困」の言訳にはならないようだ。

維新後、顧みられなかった芸術文化の革新

さらに経済技術の発展で市民生活が改善されたことをもって、「現代の日本文化は欧米に遜色なし」と言う人がいる。わが国では富国強兵を国是とした明治以来の西欧化＝近代化の過程で、科学や技術の進歩、生産の拡大による生活の向上＝文明開化と、思想や芸術の創造＝文化の発展のちがいがあいまいになり、文化と文明という二つの言葉が混同されて使われてきた。戦後一時、便利なナベを文化ナベ、ちょっぴりモダンな住宅を文化住宅と宣伝するのが流行ったのも、その一例だろう。物質的なものを中心とした生活手段の改善＝文明を「文化」と思い込む風潮がいぜん強いのもこのためである。当然のことだが、日本がお手本にしてきた欧米諸国では、こうした文化と文明の混同は全く見られない。なぜわが国だけに、異なる二つの概念の混同が生じたのだろうか。その原因の一つとして、明治の西欧化＝近代化の特徴を考えてみたい。

後進国が先進国を手本として近代化に乗り出す場合、大雑把にいって、①経済・軍事力の拡大、②政治・行政制度の中央集権化、あるいは民主化、③芸術文化の革新の三つの方向が考えられよう。黒船出現、中国の西欧への屈伏（太平天国の乱）に直面した鎖国日本は、植民地化の危険に脅え、建国以来の〝文化的宗主国〟だったシナを捨てて、急速な西欧化の道を選んだ。当然その目標は①の富国強兵に絞られ、日清・日露戦争を経て驚くべき短期間で列強の仲間入りを遂げた。国をあげての努力は〝大砲〟（軍備）と〝煙突〟（工業）に集中され、②の中央集権化は試みたが議会政治を中心とする民主化は中途半端に終わった。敗戦にともなう「アメリカ化」を経ても社会や個人の自由化・民主化が徹底しなかったことは、自民党の長期政権居坐わりや現在の政治の混乱を見れば明らかだ。しかし、明治・大正・昭和の三代を通じてほとんど顧みられなかったのは③の芸術文化の革新である。

維新直後には伝統文化を破壊する廃仏毀釈の嵐が荒れ狂い、国宝級の文化財が二足三文で海外に売られた。外国人の目に文明国の体裁を誇示するためににわか仕立ての「鹿鳴館文化」がつくりだされたが、政府にも国民にも新しい文化創造と取り組む余裕も意思も持ち合わせなかった。国立の音楽や美術の高等教育機関は創設されたが、本格的な芸術文化振興や明確な文化政策は明治以来、一度も打ち出されなかったと言っても過言ではない。

外国文化に培われた伝統文化

「豊かな文化伝統を誇る」とはいえ、歴史的に日本は、つねに強力な外国文化の影響をこうむってきた。大和朝廷は律令制度や仏教を中国から積極的に輸入し、日本語の文字表現すら漢字に頼った。日本独自の美とされる薬師寺の日光・月光菩薩も桂離宮の庭園も、われわれの祖先が中国文化を学び消化した結果実ったものといえよう。道徳的には儒教が長い間支配的影響力を振るい、今日のわれわれの精神にその痕跡を残している。泰平の江戸時代には歌舞伎や浮世絵、黄表紙本など独自な庶民文化が栄えたが、維新以降は「脱亜入欧」で再び強力な外国文化、西欧文化を追うようになる。中国大陸から、ユーラシヤ大陸の彼方の西欧文化、太平洋の彼岸のアメリカ文化へと〝輸入先〟は変化したが、わが国の文化は周辺文化としてつねにより強力な大陸の中心文化の長所を学び、それを導入し続けてきた。だからわが国の長い伝統文化から純粋な日本的要素を抽出することはむずかしく、こうした日本文化の特徴を、加藤周一氏は「雑種文化」と形容したのである。

日本と海外の文化との歴史的関係をたどると、明治以前も明治以降も、対象は変わっても、ほとんどつねに外の文化を「一方的に受容」してきた事実が浮かび上がってくる。歴史によると、中国や朝鮮の使節たちが度々来日しているが、ほとんど日本文化に関心を示さなかったという。十九世紀後半には、日本の浮世絵が欧州、ことにフランスの画家たちに注目され、近代絵画の始まりともいうべき印象派の形成に大きく貢献した。西欧の画家たちは例外的に「日本文化を受容」したのだが、それは彼らの創造の刺激、触媒としてであって、モネやゴッホが北斎や広重をそっくり模倣したわけではなかった。

「まねぶ」体質の問題点

しかし周辺文化的で雑種文化的であることは必ずしもマイナスだけではない。そのような特徴をもつ日本文化には、栄光をほこる大陸の中心文化にはない、外の文化を咀嚼し、自己の文化をつくり出して行く能力がそなわっているからだ。純粋な独創的文化とはいえないが、外の文化を学び、模倣していくうちにいつしか、それを〝日本化〟してしまうのである。「学ぶ」という日本語は「まねぶ」からきているに違いない。つまり先生やお手本をできるだけ忠実に模倣することが「学ぶ」ことなのだ。だが英語の「学ぶ」であるlearnは、古代高地ドイツ語のlirnenを語源とし、「何かの知識を得る」「技芸などでの熟練を獲得する」という意味を持つ。フランス語のapprendreも、「取る」＝prendreを語源としており、「まねる」とか「模倣する」ということではない。西欧語の「学ぶ」は、主体的に「(知識を)取ってくる、獲得する」ことを意味するようだ。

周知のように、この「学ぶ＝まねぶ」の能力をフルに発揮して、戦後の日本は欧米の技術や経営学を模倣し、さらにはその〝日本化〟に成功して、経済大国にのし上がった。いま、日本のすぐれた品質管理(QC)が世界の注目を浴びているが、このQCの概念自体がアメリカ産だった。日本の企業は米国のアグレベン教授はじめ大勢の海外の経営学者を日本に招くとともに、若い社員を続々、アメリカの大学の経営学コースに送り込み、QC学を学習させたのである。いまでは欧米がわが国のQC方式を勉強しようとしているのである。

だが、芸術文化の領域でも、わが国独特のこの「学ぶ＝まねぶ」は果たして有効といえるだろうか。

すぐ気づくのは、中世ならいざ知らず、少なくとも近代以降の世界の芸術文化の理想は、先人の模倣を否定し、徹底的に新しいものをつくり出すことに置かれてきた。ブラックとともにキュービズムを創始した二十世紀最大の巨匠ピカソはキュービズムを次のように定義している。「われわれがかつて全く知られなかったオブジェと形態を絵画の中に導入したのだ。」だとすれば、近代以降の芸術文化にとって、「学ぶ＝まねぶ」くらい創造の理想に反するものはないことになる。

ところが、わが国では芸術の分野でも「つくる」ことよりも「まねぶ」ことが理想とされてきた。したがって明治以降も、フランスで印象派が流行れば日本の画家はパリにでかけて行って必死で印象派を「まねび」、超現実主義が流行すれば誰もが超現実主義風の絵を描こうと努力したのである。模倣を越えて自己の才能をパリで開花させた佐伯祐三や藤田嗣治のような画家もいた。岸田劉生、梅原竜三郎のように日本の現実・伝統から離れずに油絵という西欧の技術で制作を続けたひともいる。しかしこうした人々はきわめて少数であり、多くの芸術家たちが「学ぶ＝まねぶ」ことに終始したのである。

美術だけではない。ほかの芸術文化の領域でも次から次へと矢継ぎ早に、西欧の新しい流行が日本に紹介され、日本人はその対応に追われて知的消化不良を起こし、ついには神経衰弱に陥らざるを得なかった。こうした内発性を全く欠いた文化輸入を、夏目漱石は「食膳に向かって皿の数を味わい尽くすどころか元来どんな御馳走が出たかハッキリ眼に映じない前にもう膳を引いて新しいのを並べられたと同じ」と指摘している。萩原朔太郎は詩人らしい怒りをこめてこうした傾向を断罪した。「明治以来の日本の文壇が、私に教えたことは、すべてに於いて『西欧に追従せよ』ということだった。それは私等の遺伝の中からすべての古臭い伝統的観念をたたき出せと命令した。その文学的指令は、時に自然主義の名で呼ばれ、ロシア文学の名で呼ばれ、トルストイズムの名で呼ばれ、時にまた或いは、享楽主義、唯美主義、個人主義、悪魔主義、浪漫主義等々の名で呼ばれた。馬鹿正直にも私は、すべてこれらの指令を忠実に遵奉した。遵奉することによって文壇から除外され、日本の文学から縁の遠い世外人にされてしまった。現実している日本の文学には、どこにもそんな舶来種のイズムはなかった。すべては遺伝的な国粋精神で固まっていた。今になってから、私は漸くそれを知った、日本の風土気候に合わないものが、日本に於いて成育しえないということを。」

漱石や朔太郎の苦悩は、絶えず中心文化圏の芸術文化を「学ぶ＝まねぶ」ことを強いられた周辺文化地域の芸術家・知識人特有の悩みである。相手がシナであれ欧米であれ、われわれ日本人はいつも懸命に模倣の努力を続けてきた。「学ぶ＝まねぶ」は、形而上学的な思考が苦手なわれわれ日本民族の第二の天性になった。この〝天性〟があったから、外国の経済技術を驚異的な短期間で〝まねび取り〟、大国化にこぎつけた。だが、芸術文化の領域で「つくる」を忘れて「まねび続けて」きた結果、いま日本はその文化的アイデンティティを根本から問われる苦境に立たされているのではないだろうか。

「まねぶ」から「つくる」への転換

これまで、海外の国々が日本の文化状況に関心を示すことはなかった。経済的繁栄を達成した結果、はじめてわが国の芸術文化に「外の目」が集まることになった。欧米の常識では、経済的繁栄は豊かな文化創造を伴うと信じられている。小さな〝超大国・日本〟の経済的パフォーマンスが明らかになるにつれ、欧米の人々の間で現代の日本の文化への関心が急速に高まったのは当然といえよう。一方では西欧文化中心主義がさらに揺らぎ、多文化時代が世界に訪れようとしている。芸術文化の創造の面でも、日本への期待がしだいに高まっている。

国内的にも、日本はこれまでいつも外部に「学ぶ＝まねぶ」対象を持ってきたが、いまや普遍性をもって世界に君臨する文化は姿を消し、各国が競って、次の世紀の文化を模索し合っている。日本もこれまでのようにひたすら外に「まねぶ」のではなく、新しい価値を創出する芸術文化を「つくる」仕事と本格的に取り組んでいかねばならない。しかしこれまで見てきたように、文化意識を「まねぶ」から「つくる」へ転換することは、わが国にとって明治維新の近代化に匹敵する大きな未知の冒険である。西欧の後退にともなうポスト・モダンの流行に悪乗りして、かつてのように想像上の〝純粋日本〟を持ち出して「近代の超克」を叫ぶことは徒労だし、危険だろう。「モノとカネが余ったから、次は文化」という風潮も頂けない。ちょっと古い切り抜きだが、評論家、福田恒存氏の鋭い文化批判（平成二年一月二日、産経新聞）をぜひ紹介しておきたい。

「日本の価値を高めるためには『文化国家』に脱皮すべしという声がある。『文化』は品物のようにそんなに簡単に買えるのか。文化国家になるのは経済大国になるのよりはるかに難しい。文化は生まれ育つものだからだ。国民の九割が中流意識を持ち、それに満足して消費に狂奔している国に経済優先を批判する目は育たない。文化とは何も茶や花を習うことではない。まともに生きようという自覚的な精神に裏付けられた生き方である。」

国民一人ひとりの精神が、経済効率一点張りの「ハウ・ツー」思考から、「ホワイ」とたえず自らに問い掛ける精神に成熟する以外に文化への道はない、という厳しい批判である。

「まねぶ」から「つくる」への文化意識の転換には維新の黒船開国に匹敵する血のにじむ努力が必要になるに違いない。その地道な第一歩として、次に芸術文化創造のインフラ作りについて言及する。

4　結び——逆風にあらがってメセナ運動を

二〇〇に近い国々からなる世界全体のGNPの一三%を占め、国民一人当たりの名目所得は世界のトップクラス、世界最大の債権国——日本はいまや巨大な経済的プレゼンスを誇るようになった。経済に関する限り、われわれ日本人は明治以来、必死で追求してきた「欧米に追いつけ、追い越せ」の夢をついに達成したといっても過言ではあるまい。だが同時に、中国・朝鮮、一転して欧米と、たえず海外にモデルを求めてひた走りに走り続けてきたわが国は、はじめてモデルを失うことになった。「外にまねぶ」長い習性を捨てて、にわかに独自のモデル作りと取り組まなければならない。経済的プレゼンスにふさわしい役割を果たせなければ、国際社会でのわが国孤立化の危険は一層深まることになろう。

周知のように、わが国が急速に政治的プレゼンスを回復することは困難だし、アジア地域に国際的な警戒と不安を引き起こしかねない。新しいわが国のアイデンティティを模索する意味からも文化的プレゼンスを強化することが急務なのだが、そのためには骨が折れ、時間がかかる「芸術文化のインフラ」作りを一からやり直す覚悟が不可欠だろう。経済では「欧米に追いついた」かもしれないが、芸術文化ではなお「欧米に学ぶこと多々あり」なのである。

企業メセナ協議会が一九九二年五月、米国のＢＣＡ（企業芸術委員会）と共催でニューヨークで「第一回の日米メセナ・サミット」を開いたのも、インフラ作りの第一歩として、まず現代の企業メセナの元祖であるＢＣＡから多くのことを学びたいと念願したからだ。五日間の討議でアメリカ側の説明に耳を傾け、さまざまな実地見学を経験して、あらためて彼我の文化のインフラの格差を痛感させられた。

「百聞は一見にしかず」――日本の参加者たちが目をみはったのは、文化の殿堂リンカーン・センターの舞台裏の〝目に見えない部分〟の充実ぶりだった。オペラ劇場の舞台上空の一〇階建ての容積を持つ巨大な空間、ゆったりした演奏やダンスの専門練習場、ちょっとした工場並みの広さをもつ大道具・小道具の制作現場、数十台のミシンが唸る広々としたオペラ衣装製作部……。狭い階段を昇ったり降りたりしながら、巨大なこの文化複合施設を支える「裏方の充実」ぶりに、総勢十数人の日本側参加者たちの誰もが圧倒され、感嘆の声を上げた。「アメリカの文化施設の裾野の広さ、裏方の充実ぶりを目の当たりにして、日本は〝唯物国家〟であり過ぎたのではないかと反省させられた。文化でパブリック（公益）に奉仕するという考えが、アメリカでは自由や人権と同じくらい大きな、重要な理念になっている」――見学に参加した堤清二さんの感想である。

リンカーン・センターはオペラ座、ステート・シアター、音楽ホールなど七つのステージ、二つの専属団体、NYフィルとメトロポリタン・オペラを擁し、さらに音楽とバレエの学校を持つ世界でも類例のない巨大な文化複合施設である。その年間予算も三億ドル（約四〇〇億円）と膨大だが、政府の支援はごくわずかで、二億ドル近くをチケット販売その他の収入でカバーし、残りはすべて企業や個人の寄付で運営されている。センターには銀行の元頭取や大企業の元社長らが理事を勤める評議会が一一もあり、政府や市当局の力を借りずに、芸術ジャンル別にそれぞれ独自の運営が行なわれている。それを支えているのは、アメリカ人の強烈なコミュニティー意識だと思った。

豊かなニューヨークの芸術文化活動が、がっちりした文化支援のインフラ、ことに充実したヒューマンウェアによって支えられていることもよく分かった。世界的な近代美術館であるニューヨーク近代美術館MOMAを訪れ、開発部長のスー・ドーン女史の話を聞いた。デヴロップメント＝開発部というと不動産開発を連想しがちだが、民間の資金援助の受入れ開発を担当するセクションだという。このセクションで何と四一人もの有能な人材が働いているのである。中にはアドヴァイザリー・サーヴィスといって、外部の画廊企画の展覧会や企業やパブリック・スペースの美術展企画の相談にのる人もいる。ドーン女史自身はエール大学で非営利団体の基金関係のマネジメント学士号を取得した専門家である。ＩＢＭ、チェースマンハッタン銀行、証券会社のペインウエッバー、メトロポリタン、グッゲンハイム両美術館など、どこを訪れても、アート・マネジメントを修めた専門家に出会った。芸術文化にカネを出す側（企業や財団）、カネを受け取る側（芸術家団体、文化施設）の双方が豊かな人材を抱えており、彼ら同士の交流で文化支援が効果的に進められていた。

文化支援をするアメリカ企業の多くが最先端をいく現代芸術の創造を熱心に支援しているのが印

象的だった。証券会社のペインウエッバー社の本社はジャスパー・ジョーンズやフランク・ステラの作品が所狭しと並ぶ現代造形美術の大ギャラリーの観を呈していた。現代美術の大の愛好家である同社のマロン社長は、「芸術が従業員の感性と創造性を伸ばす」と確信している。企業発展のカギは個々の従業員が豊かな創造性を持ち合わせているかどうかにかかっているとも言う。マロン氏はじめアメリカの経営者たちの間では、質の高い社内の人材育成に〝芸術の効用〟を期待するのが当然とみなされているようだった。米国では芸術家の地位は高く、企業の対等のパートナーとして評価されているわけだ。

「芸術文化は企業にとって、金儲け以上に重要な仕事」とためらわずに断言する経営者にもお目にかかった。ＰＲ会社の社長デヴィッド・フィン氏だ。「ビジネスはその場限り、芸術は永遠だ」ともいう。大真面目でこんなことをいう広告会社のボスが、果たして日本にいるだろうか。

「日本は文化支援でも時代の後追いをするだけで、原理原則を持ち合わせなかった。これからは、多民族社会の多様性をふまえながら、真剣にコミュニティーへの文化貢献と取り組んできた米国にならって、はっきりした方針を構築していかねばならない」（日米メセナ・サミットに参加した柴田俊治・朝日放送専務（当時）の感想）。

「時代の後追い」に終止符を打って、わが国の文化支援の原理原則を確立しようと、企業メセナ協議会が発足したのは一九九〇年のことである。なぜ耳慣れない「メセナ」というフランス語を採用することになったのか。協議会構想が日仏文化交流をきっかけにして生まれたという経緯があったからだが、別にフランスだけをお手本にしたわけではない。フランスの民間メセナ組織、アドミカル（商工業メセナ協議会）も、英国のアブサ（企業文化支援協議会＝現在のA&B）もともに米国のBCA（芸術支援企業委員会、一九六七年創立）をモデルにして作られた組織である。米国の文化振興は民活型、西欧ことにフランスは国家主導型という違いはあるが、いずれの組織も民間企業中心の文化支援の活性化を目標に掲げている。したがって日本の企業メセナ協議会も元をたどれば〝プロトタイプ〟はBCAということになろう。

わが国のメセナ運動はBCAに四分の一世紀も遅れてスタートした。さいわいその発足は明治の富国強兵以降、戦後も一貫して行なわれた経済効率追求の反省が始まった時期と一致したため、マスコミや世論の支持を受け、全国的な〝文化ブーム〟の中心として注目を浴びた。協議会が発足した一九九〇年は、政府と民間企業の協力による「芸術文化振興基金」が創設され、慶応大学にはじめて〝短期メセナ講座〟が特設されたこともあって、マスコミから〝メセナ元年〟といわれた。「メセナ」は用語事典に新語として採用され、「×××メセナ」を名乗る団体や文化施設が地方に出現した。しかしはなばなしい〝メセナ・ブーム〟も最近はバブル崩壊で沈静化に向かいつつある。だが、このブームは一つの大きな役割を果たした。活発なメセナ論議によって、経済繁栄と裏腹なわが国の「文化の貧困」が、はじめて世論の関心をひくことになったからだ。

文化の現状をめぐってさまざまな指摘や分析がさかんに行なわれるようになった。

「文化のインフラ」のハードに相当する文化施設建設は活発だが、用途不明な「多目的施設」が量産されるなど多くの問題を抱えている。文化支援の研究調査や統計の整備というソフトウェアの仕事はほとんど何もなされてこなかった。ゼロから出発するほかなく、もっとも基本的な資料をそろえるだけでも多年の努力が必要になろう。アート・マネジメントなど人材養成を中心としたヒューマンウェア充実の必要が叫ばれるようになったが、大学にその本格的な講座が誕生するにはまだ時間がかかりそうだ。わが国の文化振興は欧州のような国家主導型ではなくて米国に近い民活型になるものと思われるが、文化支援を国と民間（企業）がどのように分担するのか、その境界もいまだに定かではない。欧米ならどの国でもすでに制定されている文化優遇税制の問題もようやく議論が始まったところである。まるで〝ないない尽くし〟の文化状況であり、わが国のメセナ運動は、文化支援に取り組む前に「文化のインフラ」作りの基本的な問題を手がけることから始めなければならない。

まず「隗より始めよ」のことわざ通り、企業メセナ協議会は日本の「文化の貧困」を直視し、海外の事例を検討してわが国の「文化のインフラ」構築の方向を模索してきた。①文化支援関係の調査研究をすすめ、わが国初の「メセナ白書」を刊行し、機関誌「メセナ」も発行、②各種のメセナ・セミナーを開催、③優良メセナ企業を表彰する「メセナ賞」の授賞、④文化優遇税制実現のための関係各省との折衝、⑤海外とのメセナ交流の促進（日米メセナ・サミットもその一例）、など積極的にメセナの普及啓蒙に取り組んできたつもりである。

しかし、マスコミは性急だ。バブルが崩壊すると記者たちから「これで文化ブームも、メセナも終わりですね」と異口同音にたずねられた。「ローマは一日にして成らず。欧米に大幅に遅れた『文化のインフラ』作りは一年や二年でできる仕事でない」と説明してもなかなか腑に落ちないらしい。

企業メセナ協議会の加盟社数は、一九九三年当時の正会員企業数は一八三社だったが、二〇〇四年十二月現在は一四五社、準会員四〇団体となっている。正会員数漸減にもかかわらず、メセナ運動を契機に社内にメセナ専門部署をもうける企業は増え続け、協議会が把握しているだけでも五〇社以上が新たな部署をもうけてメセナ活動を行なっているという記者諸君も一応うなずく。だが、彼らの本音は「もはやメセナどころではないのではないか」ということらしい。

バブル崩壊とメセナを強引に結び付ける記者諸君の短絡ぶりは、文化と企業の問題に対する深い無理解を反映している。その理由として、①メセナ（文化支援）を含む企業フィランソロピーの拡大なくして、中小企業にいたるまで多国籍化が進むわが国の産業が国際的に今後生存し続けることは難しい、②品質と価格競争だけでモノが売れる時代は終わり、文化的付加価値、企業イメージが企業戦略上のカギとして重視されていることなどが挙げられよう。だとすると、「バブルがはじけたからメセナも終わり」という事態は起こらないはずである。現実にわが国の企業の多くは、自社のイメージ向上に結びつくメセナ型の健全な文化支援を真剣に模索しはじめている。大量生産時代から多様な価値の創造へという時代の転換も、今後芸術文化と企業の結びつきをさらに深めるに違いない。

先頃、南仏アルル市で開かれたアドミカルの年次大会でも、深刻な不況にもかかわらずフランス企業のメセナの支援額が前年度比で十数億円程度増大したことが確認された。米国でも二回のリセッションがあったにもかかわらず、一九七〇年から一九八七年にかけて、非営利団体に対する企業献金は八億ドルから四五億ドルへと飛躍的に伸びた。この四五億ドルのうち約七億ドル（約九〇〇億円）が芸術関係団体に対する直接的な資金提供であるという。日本よりはるかに深刻な不況、社会・教育環境の荒廃にもかかわらず、アメリカ企業の文化支援は決して後退していない。

これまで述べてきたように、いずれの国も芸術文化振興を次代の価値創造のカギとして重視し、企業も積極的にその一翼を担ってきたのである。

日本の企業メセナはスタートしたばかりだ。そこで「バブルがはじけたからメセナも終わり」というのはあまりにも短絡的な発想と言わざるを得ない。国際的にみても世界の企業メセナ活動は充実・拡大しつつある。わが国のメセナ運動もしだいに深まり、着実に定着しつつある。「メセナ短命説」はこうした内外の現実を無視した暴論に過ぎない。経済摩擦の背景には文化摩擦がひそむといわれる。国の経済極大・文化極小のアンバランスを放置することは、わが国の国際的孤立化にいっそう拍車をかける結果を招く。いわゆる国際化の視点からいっても、文化の問題、それを支えるメセナ（文化支援）の充実は、現在のわが国の最重要課題といえよう。

フランスの国立民衆劇場運動の創始者ジャン・ヴィラールは文化振興の目的を定義して「より多くの大衆を、より美しい傑作に導くことだ」という美しい言葉をのこした。この言葉は、世界でも類例のない「芸術文化の過剰商業化」（傍点筆者）に陥ったわが国の文化状況とはあまりにもかけ離れた高嶺の花のように見えるが、われわれがモノの豊かさだけでなく精神の豊かさを真剣に求めるのなら、この言葉の示唆する方向をめざして、本格的な「文化のインフラ」構築に着手しなければなるまい。

二十一世紀モデルを模索する企業メセナ

ソ連東欧体制の崩壊にともなう国際政治の大きなゆらぎ、ボーダレス経済の急速な進行にさらされ、世界のメセナ運動にも様々な変容、新しい動きが起こっている。九〇年代の世界的不況がメセナのリーダー役をつとめてきた欧米のメセナ運動にきびしい試練をつきつけ、メセナの定義、あり方の問い直しを迫る一方、ボーダレス化に対応する様々なメセナの国際ネットワーク作りもさかんである。

現代の企業メセナ運動の原点といわれる米国のＢＣＡが発足したのは、一九六七年。世界のメセナ運動は三〇年の紆余曲折と発展を踏まえていま、二十一世紀の新しいメセナ・モデルを真剣に模索している。

メセナという言葉の由来

わが国の企業メセナ協議会が発足したのは一九九〇年、「メセナ」は数年で芸術文化支援を意味する言葉として、全国で広く使われるようになった。メセナは古代ローマ時代、アウグストス皇帝の側近として詩聖ヴィルギリゥースを手厚く庇護したカイウス・キルニュース・マエケナスという実在の人物の名に由来する言葉だが、それより数世紀さかのぼる前六世紀にアテネではメセナとほぼ同じ意味をもつ「コレギア」という芸術支援の制度が確立され、この言葉はメセナ／スポンサーシップを意味する言葉として現代のギリシャでも使われているという。人類の芸術文化支援の歴史はさらに、歴史以前の時代にさかのぼる。「先史時代の大芸術」として名高いラスコー洞窟の見事な彩色動物壁画が描かれたのは少なくとも一万年以上前の旧石器時代で、この壁画を描いたのは顔料や技法に熟達した「専門の芸術家」たちだった。彼らが永遠の傑作をのこすことが出来たのは、先史時代に早くも、芸術家を庇護し支援する制度が存在したことを意味する。芸術支援＝メセナの歴史は人類の誕生にさかのぼるといっても過言ではあるまい。

歴史時代に入ると、王侯貴族やローマ法王、大富豪たちがメッセーヌ（メセナを実行した人々）として中世、近代を通じてそれぞれ、不朽の名をのこした。十九世紀から今世紀初頭にかけて、カーネギー、メロン、ロックフェラーらのアメリカの億万長者たちが莫大な資産を芸術文化支援として投じて国際的な注目を集めた。時の権力者や富豪たちによるメセナが豊かな文化遺産を育てその継承にかけがえのない貢献をしたことは事実だが、ときの権力者や大富豪個人ではなく、企業が芸術文化支援に乗り出す企業メセナの出現は二十世紀後半、一九六〇年代半ば以降のことなのである。

ＢＣＡの設立―アメリカ

一九六六年、当時チェース・マンハッタン銀行の会長だったデヴィッド・ロックフェラー氏が芸

メセナの歴史

電通総研編『文化のパトロネージ』
（洋泉社、1991年刊）より

メセナは次のような、
さまざまなメサン（パトロン）
によって行なわれてきた。

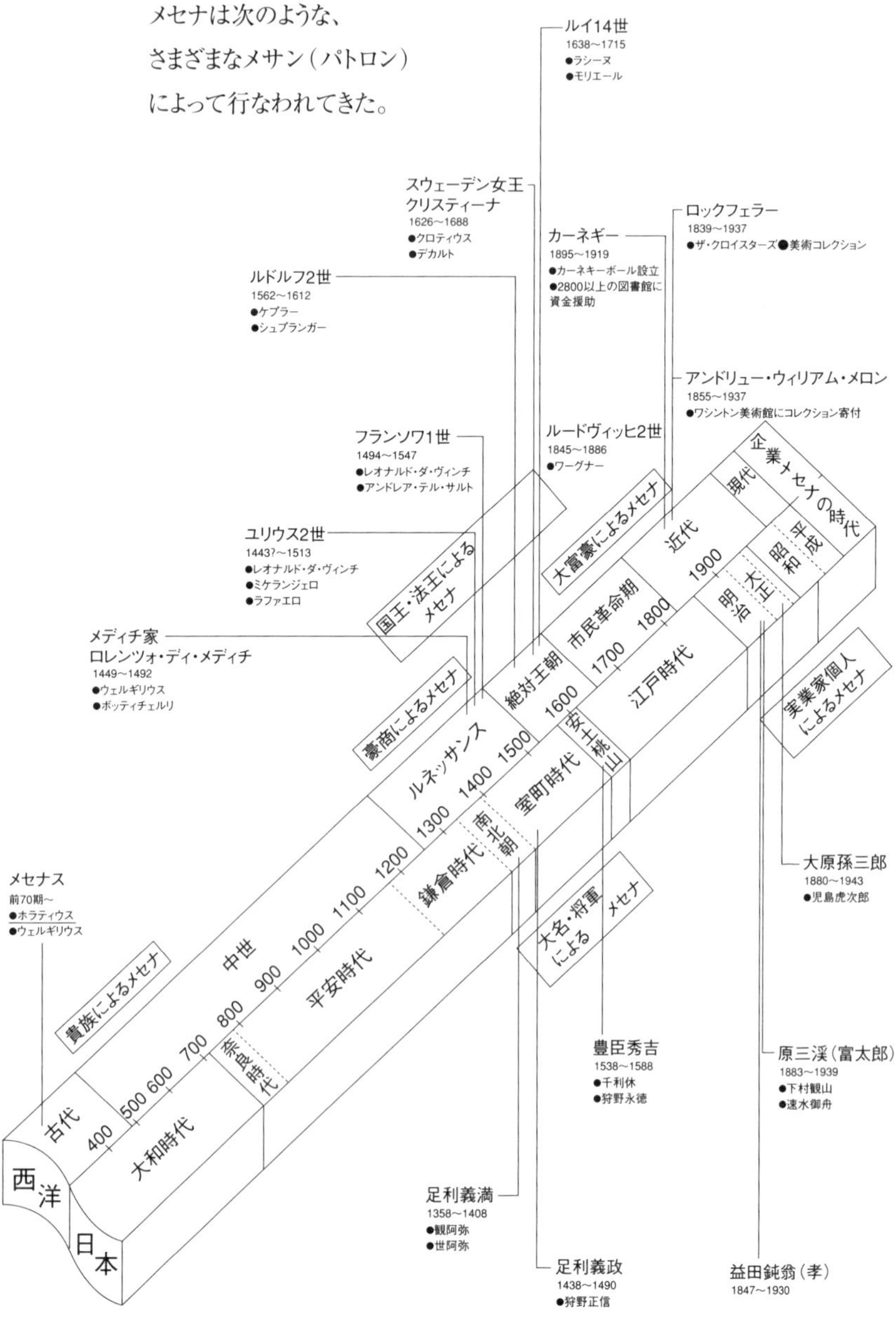

ルイ14世
1638〜1715
●ラシーヌ
●モリエール
スウェーデン女王
クリスティーナ
1626〜1688
●クロティウス
●デカルト
ロックフェラー
1839〜1937
●ザ・クロイスターズ●美術コレクション
カーネギー
1895〜1919
●カーネギー・ボール設立
●2800以上の図書館に
資金援助
ルドルフ2世
1562〜1612
●ケプラー
●シュプランガー
アンドリュー・ウィリアム・メロン
1855〜1937
●ワシントン美術館にコレクション寄付
フランソワ1世
1494〜1547
●レオナルド・ダ・ヴィンチ
●アンドレア・テル・サルト
ルードヴィッヒ2世
1845〜1886
●ワーグナー
ユリウス2世
1443?〜1513
●レオナルド・ダ・ヴィンチ
●ミケランジェロ
●ラファエロ
メディチ家
ロレンツォ・ディ・メディチ
1449〜1492
●ウェルギリウス
●ボッティチェルリ
メセナス
前70期〜
●ホラティウス
●ウェルギリウス
企業メセナの時代
大富豪によるメセナ
国王・法王による
メセナ
豪商によるメセナ
貴族によるメセナ
大名・将軍
による メセナ
実業家個人
によるメセナ
西洋
日本
古代
中世
ルネッサンス
絶対王朝
市民革命期
近代
現代
400
500 600
700
800
900
1000
1100
1200
1300
1400
1500
1600
1700
1800
1900
大和時代
奈良時代
平安時代
鎌倉時代
南北朝
室町時代
安土桃山
江戸時代
明治
大正
昭和
平成
大原孫三郎
1880〜1943
●児島虎次郎
豊臣秀吉
1538〜1588
●千利休
●狩野永徳
原三渓（富太郎）
1883〜1939
●下村観山
●速水御舟
足利義満
1358〜1408
●観阿弥
●世阿弥
足利義政
1438〜1490
●狩野正信
益田鈍翁（孝）
1847〜1930

術文化による「アメリカのルネサンス」を唱え、企業がその社会貢献予算の一部を芸術文化に当てることを奨励する機関の設立を主張、翌六七年にBCA（芸術支援企業委員会）がニューヨークに誕生した。アメリカでは企業の目的は、営利を追求して株主の利益の増大をはかり、従業員の生活を保証することに限るべきだという風潮がつよかった。一九五三年には一企業がプリンストン大学に一〇〇〇ドル寄付したことに反対して、株主が訴訟を起こす事件さえ起こっている。ロックフェラー氏がBCAを設立したことは、こうした風潮に対する〝挑戦〟であり、アメリカ社会が企業の芸術文化支援を受け入れさせる大きな契機になった。

その背景には①IBMはじめ多くの多国籍企業が世界に展開するようになり、出先国での企業経営を成功させるために、フィランソロピーだけでなく芸術文化でも出先国に貢献しようという空気が活発になったこと、②大企業が巨利を貪る資本主義に対する批判、ベトナム戦争反対など、高まる反体制市民運動をかわすためにも、大企業側は新しい社会貢献を打ち出す必要があったという事情も存在した。

いずれにせよ、BCAの出現によって、巨大な恐竜のような一握りの億万長者がアメリカの芸術文化を独占する個人メセナの時代が終わり、企業メセナが多角的な芸術支援に乗り出す時代が始まったのである。六〇年代末から七〇年にかけては、この運動に参加したアメリカ企業の多くは支援に対してあまり見返りを求めず、プログラムなどに社名を掲載してもらったり、展覧会や公演にさいして自社の招待客に特別レセプションを開催してもらう程度で満足していた。だが七〇年代になると、フィリップ・モリス社が、自社の支援する展覧会の広告キャンペーンを全国的に展開、多くの企業が自社製品の直接広告の代わりに、支援を行なっている芸術活動を宣伝するようになった。八〇年代初頭にはアメリカン・エクスプレスが、自社のカードによる買い物や新たなカード口座開設のたびに、一定額を特定の芸術団体に寄付するという、コーズ・リレイテッド・マーケッティングという革命的な戦略を開発したことから、多くの企業が企業戦略の見地から芸術支援を再検討する傾向が広まった。

ＡＢＳＡの創設──イギリス

こうしたアメリカにおける企業メセナの発展は、国際的な反響を呼び、七六年には世界第二の企業メセナ組織、ＡＢＳＡ（芸術支援企業協議会、一九九九年にA&B＝ARTS & BUSINESSと改称）がロンドンで創設された。「寄付」（donation）より「協賛」（sponsorship）に重点を置くＡＢＳＡの芸術に対する企業メセナの総額は、創立当時の六〇万ポンドから九三年には五六三〇万ポンドと飛躍的な発展をとげ、全英七ヵ所に事務所をもつ世界最大の協議会に成長した。英国には、政府の公的文化資金はいったん、芸術評議会などの準公的機関に支出され、これらの機関が独自に芸術団体に助成金を出すという「アームズ・レングス」の伝統がある。芸術の自由と独立性を保証するためだ。この伝統にもとづいて、国民文化省はＡＢＳＡに政府の「企業メセナ奨励制度」（Business Sponsorship Incentive Scheme＝BSIS、後に「国民文化省ペアリング制度」と改称）の運営を委託、ＡＢＳＡはこの恩典を活用して十年間で三〇〇〇を越える英国企業にマッチングを行なった。企業からの五六〇〇万ポンドの支援に対して三七〇〇万ポンドのＢＳＩＳ（現在の「ペアリング・スキーム」の前身）によるマッチングを与えたのであり、これが企業に芸術支援への参加を呼びかける大きな呼び水になった。この制度を利用すると、企業が初の支援を行なう際には、その額と同額が政府から助成され支援額が倍になる。一方、芸術団体は、マッチングされた額の一部で、追加公演や特別なマーケッティング、広告宣言を行なって、企業の支援効果を増大するようはかることを義務づけられており、メセナを企業にとってより魅力的なものにしている。ＡＢＳＡは、他の欧州諸国のメセナ協議会にくらべて、企業の芸術支援に対する「見返り」を積極的に認めようとする立場を取っており、マーケッティングがらみの商業性の強い企業メセナを奨励する方針を打ち出しているのが特色だ。

ＡＤＭＩＣＡＬの誕生―フランス

英国のＡＢＳＡから三年遅れて一九七九年には、パリにも企業メセナの振興をめざすＡＤＭＩＣＡＬ（商工業メセナ振興協議会）が誕生した。フランスは伝統的に強力な国家主導型の文化政策をすすめてきた国である。八一年に発足したミッテラン左翼政権は深刻な経済危機にもかかわらず、公的文化支出を国家予算の一％にすることを目標に掲げ、文化省予算をいっきょに倍増して世界の注目をあつめた。しかし左翼政権であるにも拘わらず同政権は、文化の領域における企業の復権を認め、誕生したばかりのＡＤＭＩＣＡＬの発展に協力した。その結果、芸術文化支援における国と企業の役割が明確になり、企業の存在目的、企業内外のコミュニケーションについても考えが突き詰められていった。それと並行して政府は、文化の地方分権化とも積極的に取り組むようになり、地方公共団体が広報や地域開発政策で、地方の文化的アイデンティティを重視するようになった。こうした動きを通じて、フランスの文化関係者の間でも、資金源の多様化こそが芸術文化創造の自由と独立、多元性を保証するという信念がしだいに広まっていった。

ＡＤＭＩＣＡＬの基本姿勢は、企業と芸術のパートナーシップを強調し、経済以外の諸分野で活動することによって、企業人の感性や経験、行動がさらに豊かになると主張する。「企業メセナは無私無欲の行動ではない」とメセナが企業戦略の一環であることを認めるが、「ただし、企業は、メセナによって即座に収益をあげることを期待してはならない」、とクギをさすことも忘れない。フランスの企業メセナは、芸術文化への奉仕・貢献を第一とし、「見返り」、企業のマーケッティング効果への期待を一定限度以内に抑えようとしており、「見返り」に寛大な英米型とのニュアンスの違いが近年、しだいに目立ってきている。ＡＤＭＩＣＡＬ創立以来の十八年間に、フランスの企業メセナは着実な進歩を記録した。メセナの重点は、音楽、造形美術、美術館活動に置かれているが、その他のすべての芸術表現もメセナの対象とされてきた。国営、民営をとわず、あらゆる規模の企業がメセナ活動を行ない、銀行をトップに、その業種もきわめて多岐にわたっている。フランスのメセナが相次ぐ経済危機、景気の低迷にもかかわらずよく持ちこたえ、政府主導型の文化政策をすすめるこの国で、メセナが一過性の流行でないことを裏書きした意義は大きい。しかし、中央政府、地方公共団体が巨額の公的文化資金を擁するフランスでは、企業メセナの役割はあくまでも補完的で、その貢献は現在も全文化支出の一％程度にとどまっている。

企業メセナ協議会の発足――日本と韓国

一九九〇年に誕生した日本の企業メセナ協議会は、ＢＣＡ（アメリカ）、ＡＢＳＡとも緊密な連絡を保ちつつ、ことにＡＤＭＩＣＡＬをお手本にした。日仏文化交流の一環として開かれた「文化サミット」（朝日新聞社・フランス文化省共催）の第三回会議「文化と企業」（一九八八年十一月・国立京都国際会議場）が、協議会創設の直接のきっかけになった。三日間にわたる「文化と企業」の討議でフランス代表が明らかにした、マーケッティング性の追求とはっきり一線を画したフランス型メセナがこのサミットに参加したわが国の文化的経営者諸氏につよい感銘を与え、それらの人々が発起人になって協議会設立が決まった経緯があったからだ。

一九九四年には、韓国企業メセナ協議会（ＫＢＣＡ =Korean Business Council for the Arts）が発足した。それに先立って、国際的な評論家としても著名な李御寧・韓国元文化相らが来日、福原義春理事長に日本の協議会設立のいきさつの説明を求めるなど、日韓のメセナ交流が活発化した。韓国の一九九五年度の国家予算は全体で前年度より一五・四％伸びたが文化予算は二一・四％の伸び率を記録し、国家予算の〇・五に達した。金泳三大統領は任期中にそれを一％まで増加させると公約した。こうした文化重視政策にもとづいて韓国政府は、メセナ育成にも乗り出したものと見られる。韓国の企業メセナは政府主導型で、経営者有志の自発的意思で設立された、民活型の日本の企業メセナ協議会とは明らかに性格を異にしている。この他九〇年には香港企業メセナ協議会が設立され、シンガポールでも政府が中心となった協議会が発足した。

ことに欧州の企業メセナ運動は活発で、八〇年代の経済好況の波にのって八六年ギリシャ、八七年、オーストリア、スウェーデン、アイルランド（コテュ）、九一年ベルギーで相次いで企業メセナ協議会が誕生、さらにスペイン、ポルトガル、デンマーク、ルクセンブルグでも協議会の新設、ないし設立計画がすすんだ。九一年には、これら欧州の各国協議会を結ぶネットワーク、CEREC（欧州企業メセナ委員会）がロンドンに設立され（その後、本部はブリュセルに移転）、すで十数カ国の加盟が実現している。

一九六七年にニューヨークで創設されたBCAをプロトタイプとする企業メセナ運動は、まず欧州諸国へ、さらに極東の日本、韓国そして東南アジアへと、わずか四分の一世紀の間に全世界に急速に拡がったのである。

一九九五年には、創立五周年を記念して企業メセナ協議会が東京で「国際メセナ会議'95」を開催した。この会議は、この企業メセナのグローバリゼーションを内外に鮮やかに浮き彫りにした事件として、広く国際的注目を浴びた。

企業メセナの多様性が浮彫り

「国際メセナ会議'95」の目標は次の二点に絞ることができる。①冷戦の終焉、ソ連東欧体制の崩壊後の困難な世界情勢に直面しながら、平和と文化の二十一世紀を構築する第一歩として、メセナと文化危機の問題を世界的視野に立って再検討する。②「アジアの時代」を迎えて西洋と非西洋の文化の交流・交差の可能性を世界の人々と共有する。第一日目は加藤周一、大岡信、海外からはエドワード・サイード、エドガー・モラン、李御寧、謝晋などの知識人・文化人が参加、世界の文化交流、文明の交差の活性化をうながす提言が行なわれた。二日目は堤清二、筑紫哲也、浅田彰の三氏を座長に「企業経営におけるメセナとは」「社会と芸術」「マルチメディア時代の芸術」の三分科会が開かれ、内外の財界人、文化人、芸術関係者が交互に発言する活発な討議が繰り広げられた。

世界の二七カ国から九〇人のパネリスト、メセナ代表がこの会議に出席、会場はのべ一四〇〇人を越える聴衆で埋まった。アメリカや西欧諸国の組織はもちろん、遠くロシア、ウクライナ、ルーマニアからも代表が駆けつけ、アジアからも香港、韓国、シンガポール、フィリピンのメセナ機関の代表が討議に参加した。「これほど大規模で、これほど内容の充実したメセナの国際会議が開かれたのは、世界でもはじめて」（ジャック・リゴー仏ADMICAL会長）、と国際的にも高く評価されたのである。

当然のことながら、この会議で企業メセナの多様性があらためて確認された。メセナはそれぞれの国の歴史や伝統と深く結びついた問題であり、企業メセナの実情は国ごとに異なっているといっても過言ではあるまい。アメリカ、欧州諸国はいずれもメセナ先進国だが、芸術支援の主な担い手が政府であるか、民間であるか、という点で大きく異なっている。アメリカでは芸術支援を民間（個人・企業）の自由意思に委ねる傾向が伝統的につよく、政府の介入は主として優遇税制の整備に限られており、「民間活性型」のシステムを基本としている。これに対してヨーロッパでは、「政府主導型」の芸術文化支援の歴史が長く続いた結果、各国が明確な文化政策を掲げて、芸術文化への助成のほとんどを国や地方政府の公的資金でまかなってきた。強力な文化省を持ち、主要な芸術・文化機関が国・公立で、予算、人員などその運営全般を手厚く保護する国も、フランスをはじめとして欧州では数多く存在する。しかし一口に「政府主導型」といっても、中央集権型、地方分権型

（社）企業メセナ協議会の歩み（1988〜2005）

1988	●	第３回日仏文化サミット「文化と企業」開催。 フランスの商工業メセナ推進協会［ADMICAL］会長のジャック・リゴー氏より、日本における企業の芸術文化支援に関する啓発団体の発足が提案される。
1990	●	企業経営者の有志が発起人となり、企業メセナ協議会設立。 同年、芸術文化振興基金、経団連「１％クラブ」が相次いで設立されるなど、官民ともに文化支援・社会貢献の気運が高まりをみせた。
	●	機関誌『メセナ』創刊号発刊
1991	●	「第１回アート・マネージメント日本特別講座」開催
	●	国際シンポジウム「企業の文化的役割—その新しい方向」開催
	●	『メセナ白書』発刊
	●	「メセナ大賞」創設
1992	●	アメリカBCA元会長ジョン・D・オング氏が講演 「企業と芸術—アメリカの展望」で、企業の芸術支援の４つのメリット［１：個人と地域の自立、２：雇用の創出、３：人々のクリエイティビティを育てる、４：結果として企業の長期的繁栄につながる］を提示。
	●	BCAとの共催により、日米メセナ・サミット 「対話の構造—日米企業メセナの協力をめざして」開催。 ニューヨークに視察団を派遣する。
1993	●	セミナー「アートを学ぶ」開始
	●	アメリカBCA元会長ウィラード・ブッチャー氏講演とパネルディスカッション「不況下の芸術支援を考える」開催
	●	イギリスABSA事務局長コリン・トゥイーディ氏講演会 「メセナ—宣伝広告、マーケティングと新ヨーロッパにおける芸術支援」開催
	●	スイス、ドイツにメセナ視察団を派遣。企業や文化施設などを訪れる。
1994	●	文化庁より特定公益増進法人の認定を受けて「助成認定制度」をスタート。 芸術文化活動に対する企業や個人からの支援を税制面から促進する仕組みである。
1995	●	「国際メセナ会議95」開催、世界27カ国からメセナ組織や企

		業関係者の代表等90人が集う。本会議が契機となり、国際的なネットワークが構築され、年1回の国際会議が定例化するようになった。
1996	●	日本各地のメセナ関連組織相互の交流、情報交換をはかることを目的に「全国メセナ連絡会」が発足。 98年に「全国メセナネットワーク」と改称、現在は15団体が加盟。
1997	●	メセナ視察団をフランスに派遣
1999	●	ニューズレター『メセナ note』創刊号発刊
	●	協議会設立10周年記念プレ・イベント 日仏アートマネジメント「アートで地域を発想する」開催
2000	●	設立10周年にあたり、講演会や出版などの記念事業をおこなう。
	●	ジャック・リゴー氏による講演会「芸術文化とグローバリゼーション」開催
	●	国際シンポジウム「市民の時代と芸術文化―これからのメセナがめざすもの」開催
	●	『なぜ、企業はメセナをするのか？』発行
2001	●	「芸術文化のための提言―変革の時代にこそ、創造力の活用を―」発表
	●	メセナ活動データベース「メセナビ」稼動
2003	●	『メセナマネジメント―戦略的社会貢献のすすめ』［メセナ白書シリーズ］発刊
	●	助成認定制度の利用を促進するため、相談窓口を全国の文化振興財団等に開設
	●	関西事務所［大阪21世紀協会内］開設

のいずれが強いかで、複雑なニュアンスが生じる。たとえば英国では「アームズ・レングス」の原則にもとづいて、政府は芸術文化への直接介入をさけ、準公的機関を通じて助成を行なう方針を堅持してきた。この英国方式は、コモンウェルス傘下のオーストラリア、シンガポール、香港、さらにカナダにも影響をあたえてきたのである。一方、徹底した連邦制をたてまえとするドイツは、中央政府には文化省がなく、各州に「文化省」が存在し、州ごと独自の文化政策が展開される。連邦制をとる国に共通する「地方政府主導型」ともいうべきシステムといえよう。

「国際メセナ会議'95」に参加したパネリスト、メセナ代表の発言は、当然それぞれ自国の立場を強く反映したものが多く、世界の企業メセナの多様性をあざやかに描きだした。

旧ソ連東欧諸国や中国、ヴェトナムでも企業メセナが台頭しつつあるが、その直面する問題がより深刻、かつ緊急を要することが確認された。経済混乱が続くロシアでは、公的支援の復活は当分望めない状況で、相次いで生まれたさまざまな文化振興団体や企業メセナが何とかその穴を埋めようと必死の努力を続けている。中国、ヴェトナムは独自の社会主義市場経済をすすめているが、かつての文化に対する手厚い保護と統制が崩壊し、国家の予算削減や急激なインフレで芸術団体はにわかに自立を求められ、危機に直面している。ことに公的支援の大削減とソ連、東欧という「パトロン」と「市場」を失ったヴェトナム、大衆向けや観光用の文化は活性化しても、伝統芸術や純粋芸術はひどい危機的状況にあるようだ。フィリピン、インドネシアなどアジアの代表たちの発言からは、マニラやジャカルタのような大都市では、外来文化の影響と中産階級の拡大で新たな都市文化が育ちつつあり、企業など民間セクターがそれを支える重要な役割を演じていることが分かった。

しかし新興文化と固有文化の軋轢、植民地文化の遺産など、それぞれの国が深刻なアイデンティティ・クライシスに直面している。また政治的・宗教的理由から、芸術表現の自由が制限され、検閲が行なわれている国がアジアではいぜん数多いことも再確認された。

たしかに、企業メセナのグローバリゼーションは急速にすすんだが、各国の芸術支援の立場は複雑多岐をきわめており、「国際メセナ会議'95」の討議は、一歩間違えば、相互理解不可能な〝バベルの塔〟の状況に乗り上げるおそれがあったことは否定できない。しかし、国情、文化伝統を異にする各国の代表に共通していたのは、世界的に深刻な経済危機に直面しながらも、いずれも明日の芸術文化の構築を真剣に模索し、次代の精神的評価をつくりだす新しい創造の基盤づくりに情熱を燃やしていたことだった。多様性を越えて企業メセナに対する、共通の情熱と連帯のこころが会議に参加した多くの人々にめばえた意義は大きい、と今でも考えている。

文化の国際的ネットワーク作り

「国際会議'95」を契機に、企業メセナのグローバリゼーションはさらに急テンポですすむことになる。翌九六年春にはニューヨークでアイルランド、スウェーデン、アメリカ、フランス、スペイン、イスラエル、日本、韓国の代表者会議が開かれ、世界メセナの〝緩やかなネットワーク〟が結成され、初代議長にアメリカBCAジュディス・A・ジェドリカ事務局長が就任した。

十一月には、ソウルで韓国企業メセナ協議会主催による「太平洋アジア文化会議'96――二十一世紀のための同地域のリレイションシップ」が開かれ、日本、韓国、インド、モンゴール、フィリピン、シンガポール、タイ、ヴェトナム、オーストラリア、ニュージーランド、香港、米国、英国、CEREC（ヨーロッパ企業メセナ委員会）の十四代表が出席した。この会議でこの地域にメセナのネットワーク〝アジア版CEREC〟を作る方針が打ち出され、九七年一月には、早速メルボルンで、韓国協議会の金致坤事務局長を議長とする第一回作業委員会（日本、韓国、オーストラリア、フィリピンが参加）が開催された。キリスト教、ギリシャ・ローマ文明という文化的な「共通の屋根」をもつヨーロッパと違って、アジアでは宗教も文化伝統もまちまち、政治・経済の発展段階もさまざまだ。アジアにおける企業メセナのネットワーク作りにはさまざまな困難が予想される。しかし「アジアの世紀」といわれる二十一世紀の到来を目前にして、経済ばかりでなく文化でもこの地域のネットワーク作りを急ぐべきだという声が高まり、九八年二月には東京で第二回の準備会議を開催して規約・定款づくりを進めることになった。多様性をのりこえて合意が成立すれば、九八年度中に〝アジア版CEREC〟の誕生を世界に公表する方針が決定された（残念ながら、その後の日本のバブル崩壊、アジア経済不況によって、この講想は中断を余儀なくされた）。

さまざまなネットワークの急ピッチな展開は、一見、企業メセナ運動の明るい前途を約束しているかのようだ。しかし世紀末のメセナが世界秩序の再編、長びく国際経済の不況、社会情勢の変化に直面して、大きくゆらいでいることも否定できない。グローバリゼーションがすすむ中で、各国のメセナ組織がそれぞれの国の国情、文化伝統にもとづいて、各自ゴーイング・マイ・ウェイで二十一世紀のメセナ・モデルを模索する「メセナの多様化」も深まっている。多くの国で、きびしい経済状況から政府の芸術文化支援が減少ないし後退し、その穴を埋めるために企業メセナの拡大が強く求められている。より多くの企業のメセナ参加を促すべく、メセナを行なう企業のマーケティング性、「見返り」が強調される傾向が目立つようになった。成り行きによっては、三十年の運動によってやっと定着した、企業利益より、芸術文化を通じての企業の社会貢献を重視する「メセナの理念」が大きく変容を迫られる事態が起こることも考えられよう。企業メセナ運動はいま、重大な転換期に直面しているといっても、決して過言ではない。

「企業は何らかの見返りを求めたがる」

協議会発足以来、われわれが緊密な連絡をとり、お手本としてきた欧米の企業メセナ運動にさまざまな〝異変〟が生じていることは承知していたが、先に紹介した一九九六年十一月にソウルで開かれた「太平洋アジア文化会議'96—二十一世紀における同地域の文化関係」でのヨーロッパ企業メセナ委員会(CEREC)のA・マックロイ代表の発言はきわめて衝撃的だった。「国家が文化から撤退しつつある。さらに文化の資金提供、文化の維持からも撤退しようとしている。米国の公的芸術資金は九〇年代中にほぼゼロに等しいところまでカットされた。フランスの芸術予算も脅威に直面しており、英国の芸術予算も過去一〇年間に実質的に崩壊した。芸術は先進国の世界で、プライオリティーでなくなり、保険や教育、インフラが優先された。発展途上国では、芸術はいぜん、特権的な少数者の領域と見なされている。CERECのネットワーク内部では、今後一〇年間にほとんどすべての国で、国家の文化資産が削減されるという見方が強まっている。」

米連邦政府の公的文化資金の中心機関であるNEAの九六年度予算は前年にくらべて五〇%のカッ

ト、同機関が支援した前衛芸術展への反発から保守派議員の間では、NEA廃止論が高まっている。未曾有の好況にもかかわらずホームレスの増大、教育の荒廃がすすんでクリントン政権は社会問題への対応に追われ、公的な芸術文化支援は後退をつづけている。企業メセナでも非営利芸術団体を対象とした、従来の「社会貢献型」から、企業利益を重視する「マーケッティング・プログラム型」へのシフトが目立つようになった。

「文化は公的支援が原則」というコンセンサスが広く行き渡っているドイツでも、東西ドイツ統一後の経済不振、失業の急増で、州や地方自治体当局が文化支出の見直しを迫られている。九四年に来日したフランクフルト・オペラ座の支配人スタインフォフ氏は「九七年度までに私の劇場予算の二五％削減を州から申し渡されている。しかし予算の七〇％は人件費、二〇％は運営費という内訳からしてこの削減はほとんど不可能」と頭を抱えていた。しかしこの国の特色は、先進的で実験的な芸術に対しては公的機関が手厚い支援を行なうことにある。民間企業は評価の定まったものしか支援せず、支援全体では補完的な役割しか果たしていない。

英国の芸術文化状況も、公的助成のカット、不況の影響による企業協賛の減少という脅威に直面してきた。しかしこの国の企業メセナ組織、ＡＢＳＡ（トゥイーディ事務局長）は、企業のメセナに政府が助成を上乗せするマッチング・グラント・システム（ＢＳＩＳ、のちにペアリング・スキームと改称）を押し進め、企業に対しては芸術文化支援の効果性を強調し、芸術団体に対しては企業をひきつけるツールやテクニックの習得を奨励する、新しい企業メセナ戦略を打ち出して大きな反響を呼んでいる。

一九八三年四月にABSAが刊行した「スポンサーシップ・マニュアル」はスポンサーシップについて次のような明快な定義をくだしている。「企業名、製品あるいはサーヴィスの販売促進のためという明確な目的をもって、企業から芸術組織側にお金を支払うこと。スポンサーシップは企業の一般販売促進費用の一部分であり、また、企業責任あるいは社会責任の意味をも包み込んでいるものである。」また、寄附金、パトロネージとの違いについても、寄附金は「プログラムに記載される一行のクレジット以外の、一切の〝見返り〟を求めないもの」と規定し、パトロネージは「営利主義の色彩がより薄い企業支援の形。しかしはっきりとした便益は要求しないが、企業は何らかの見返りを求めたがる」と定義している。さらにスポンサーシップを求めて企業にアプローチする芸術団体に対しては、「営利的見返りがあるべきで、あなたは金銭に見合うだけのものをスポンサーに与えるよう、努めるべきだ」とズバリ勧告している。

スポンサーシップへの賛否

「企業メセナ」という言葉が何を意味するか、明確な国際的コンセンサスがあったわけではない。しかし「企業メセナ」という言葉はこれまで、企業が見返りを一切求めない無償の「寄付」から、何らかの見返りは求めるが営利性が希薄な「パトロネージ」、明確な営業的な見返りを要求するマーケッティング性の強い「スポンサーシップ」（協賛）まで、あらゆる形態を含む芸術文化支援一般をさす言葉として使われてきた。ところがABSAはこんごのヨーロッパの企業メセナの方針として、マーケッティング性の強い「スポンサーシップ」（協賛）に傾斜した路線を打ち出したのである。その背景には、旧共産圏諸国の政府が芸術助成金を大幅に削減した事実、ＥＵ加盟の先進諸国も、欧州統一通貨問題などから軒並みきびしい緊縮政策をしいられ、それらの国々の公的文化資金は縮小傾向にあるという認識がある。二十一世紀のヨーロッパの芸術の将来を担う企業メセナの役割は今後いっそう重要性を増すことになる。企業メセナの活性化をはかるためには、芸術が企業に、あるいは経済環境にとって、確実な利益をもたらすと理解されることが必要だ、とＡＢＳＡは「協賛」重視をつよく主張するのである。

しかし、メセナが宣伝広告との結びつきを強めることになるＡＢＳＡの新路線に対しては、英国国内はもとより欧州各国からさまざまな批判、反論が生じている。欧州議会でも「芸術を宣伝広告に使う企業のスポンサーシップを非難する」報告が提出された。メセナの社会貢献性を重視するフランスのＡＤＭＩＣＡＬも、ＡＢＳＡの主張には懐疑的で必ずしも同調していない。企業メセナは芸術文化への奉仕による社会貢献をめざすのか、芸術と商業的な世界のパートナーシップに活路を見いだすべきなのか、をめぐって今後も欧州では活発な論議がつづくことになりそうだ。

日本の企業メセナ協議会はこの問題にどう対応すべきなのだろうか。皮肉な話だが、宣伝広告と結びついた企業の芸術文化領域への参加という点では、明治以来、日本は〝世界の先進国〟だった。政府は明確な文化政策を持ち合わせず、企業が露骨なマーケッティング戦略にもとづいて活発な文化事業を行なってきた。こうした形での企業の文化参加が文化の普及で一定の役割を果たしたことは評価されよう。だが、過度なマーケッティング性の追求の結果、企業の文化事業は芸術文化の振興に貢献するどころか、派手な文化イベントや冠広告の横行という事態を生み、芸術文化状況を悪化させる弊害をもたらしたことも否めない。企業メセナ協議会は一九九〇年に発足したが、その目標は、企業が過度な見返りを要求する「協賛＝広告型」の文化介入をあらため、パートナーとして芸術支援と取り組む、より「社会貢献型」のメセナをわが国に普及させることだった。

国や政府が直接・間接に芸術文化振興につとめてきた欧州では、企業が芸術文化にかかわる余地は従来、あまりなかったのである。経済不況や緊縮財政で、国や政府の公的資金が削減され、それに代わって企業メセナを拡大するためには、とにかく企業に大きなインセンティヴが与えなければならない、という事情があったのだ。英国のＡＢＳＡの動きは、公的文化資金の後退、削減がこんご必至とみて、マーケッティング性を大胆に認めて企業メセナの飛躍的発展をもくろんだものといえよう。英国、および欧州諸国では芸術文化の自立性、その社会的評価は歴史的・伝統的に高い。企業メセナへの積極的導入が、わが国で起こったような弊害をただちにもたらすおそれは少ないかも知れない。しかし宣伝万能の企業の文化参加がもたらした荒廃をすでに経験済みのわれわれとしては、英国の実験を注意深く見守って行かなければなるまい。

アメリカ、欧州、アジアを問わず、世界の企業メセナ運動は、それぞれの国の文化伝統をふまえて、いずれも独自の二十一世紀のメセナ・モデルの模索をつづけている。しかしその一方では、さまざまなメセナの国際的ネットワークを通じて、多角的なメセナ論議や意見の交換がますます活発化しようとしている。企業メセナ協議会は一九九七年九月には、フランスにメセナ視察団を派遣、十月には企業メセナのプロトタイプ、アメリカのＢＣＡの創立三十周年の記念行事にも代表を送った。

「グローバルに考え、ローカルに行動する」ことをモットーに、流動する世紀末の世界のメセナの動向をみきわめ、日本の二十一世紀のメセナ・モデルの創出と取り組みたいと念願している次第である。

ヨーロッパの企業メセナ・ネットワーク

CEREC（ヨーロッパ企業メセナ委員会）は、1991年に当時の欧州連合（EU）委員会の支持を受けてロンドンで発足した、ヨーロッパの企業メセナ・ネットワークである。会長はイギリスのABSA（芸術支援企業協議会）事務局長のコリン・トゥイーディ氏。事務局は、98年6月から2年間、パリのADMICAL（商工業メセナ振興協議会）本部に置かれる。CERECの正式メンバーはイギリス、フランス、ドイツ、スペイン、イタリア、ギリシャ、スウェーデン、アイルランド、ベルギー、スイス、イスラエルの12組織（ベルギーからは2組織が参加）。準加盟はポルトガル、デンマーク、オランダの3団体。企業加盟は、パリバ財団、スカンジナビア航空、ABボルボの3社。

芸術文化優遇税制に基づいて個人・企業が大規模な文化支援を行う民活型のアメリカと異なり、ヨーロッパでは、国が直接積極的な支援を行うフランス、間接介入型のイギリス、中央集権型のスカンジナビア諸国、地方分権型のドイツ、スペインと国によってニュアンスの差はあるが、いずれの国も伝統的に、公的資金を投入して芸術文化振興に努めてきた。

しかしアメリカのBCA（芸術支援企業委員会）にならって、1976年にロンドンにABSA、79年にパリにADMICALが誕生、各国で協議会結成が相次ぎ、ヨーロッパで企業メセナ運動が活発になった。経済不況で国・地方公共団体の公的資金が伸び悩む一方、「文化の民主化」でプログラムは増え、企業メセナへの期待が高まったためである。ヨーロッパ統合の前進も、ヨーロッパ各国の企業メセナを結ぶ連合体、CEREC結成を促した。

運営資金の不足、ヨーロッパ規模の計画と各国協議会の要望の調節困難から、CERECの活動は大きな問題を抱えているが、1996年以降、『ファイナンシャル・タイムズ』紙と提携して「欧州メセナ賞」の授賞を行うなど、①企業メセナ・ネットワークの東欧への拡大、②欧州連合（EU）との関係強化をめざして、活発な活動を続けている。

欧州通貨統合が実現すれば、国境を越えた企業メセナ活動の相互浸透が予想されており、CERECは21世紀のヨーロッパ諸国の企業メセナの協調を推進する機関として活躍することが期待されている。

現代文化環境論

〝星のはなし〟——根源的な文化感覚の問題

ささやかなヴァカンスで長野県をドライブしておりますと、須坂メセナセンターという大きな標識に出会いました。何年か前のことですが、函館へ参りましたら「メセナ会館」という看板を発見しました。いそいそと近寄ったら、お土産屋さんでした。東京の練馬区に住んでおりますが、わが家の近くで、ある日、Mécénat とちゃんと正しいアクセント記号までついた金文字の看板に出会ったときは本当にびっくりしました。企業メセナ協議会が一九九〇年に創設されると、それまでほとんど知られることのなかったメセナというフランス語はたちまち全国的に流行した結果、首を傾げたくなるような用法さえ出現したわけです（参照「現代用語の基礎知識」一九九八年版特別付録「現代用語二十世紀事典」）。私は創設当時から企業メセナ協議会の専務理事を勤めて参りました。メセナの黒幕などという人がいますが、堤清二、福原義春、佐治敬三氏らの文化的経営者がメセナ運動に乗り出すさいにお手伝いし、実際の運動の舵取りを任された人間です。黒幕ではなく、黒子役に過ぎません。
それはともかくとして、この連続講義の主催者、横浜市教育委員会のご意向は、そういう経歴の持ち主である私に、メセナについて話をしろ、ということだったと思います。しかし芸術や文化の問題抜きに狭義のメセナ論をしてもあまり意味がない、というのが私の持論です。そこで、メセナの視点から、現代の日本の文化状況を論じるということにしたいと思ったわけです。さいわい主催者側のご了解をいただいたので、こうしたテーマでお話を進めることにしました。

ところで、タイトルに掲げた「文化環境論」というのはあまり耳慣れない言葉です。教育環境、生活環境、さらに大きく地球環境あるいは順番を逆にして環境アセスメント、最近は環境ホルモンの問題がしきりに論じられるようになりました。どうやら環境は、複雑化した現代の社会問題に迫る一つのキーワードになっているようです。だが、不思議なことに「文化環境」が論じられることはあまりなかった。ですから次の一文に出会ったときは我が意を得たり、と大変うれしかったので、少々長いのですが引用することにします。

「自然環境も大事だが、『文化環境』もそれに劣らず大事であり、内なる自然は、より深く文化環境とつながっている。そして生態系と地球環境を考える際にも、文化環境との関係を重視しなければ人間的側面を語れない。自然観、ライフスタイルその他の習慣を含めて歴史的に蓄積されたソフトウエアの総体を文化環境と名付けたい。何をもって過剰消費というのか。どのレベルで足るを知るのか、何が不可欠なのか。それらを文化環境に照らして詰めてみるとどうなるか」（井尻千男『言葉を玩んで国を喪う』新潮社、一三七ページ）。

酸性雨やCO2の増大による地球の温暖化が進めば、自然環境が悪化し、人間の生活環境をおびやかす。環境ホルモンの出現は、人類の生命自体をおびやかす。遺伝子操作も生態系に異常を引き起こし、われわれが生きる自然環境を破壊して仕舞うかもしれない。そういう恐れから、エコロジー運動が世界的に盛んになっているわけですね。自然環境が破壊されれば、人間の肉体・生命が脅かされる。そこで世界的にエコロジー運動がさかんになっているわけですね。では文化環境が悪化すれば、どうなるか。それはわれわれの心や精神を歪め、悩ませ、極端な場合には人間の精神をすっかり荒廃させてしまう。井尻さんが「自然環境も大事だが、『文化環境』もそれに劣らず大事だ」と指摘しているのは、きわめて当然な話だと思います。

二十世紀の世紀末、われわれ日本人はどのような文化環境を生きているのか、それを問いなおさなければならない。芸術や文化の問題、さらにメセナの議論も、ここから出発しなおす必要があるのではないか。私はそう真剣に、考えているわけです。

ここで「星のはなし」というエピソードを紹介したいと思います。ロシアの女流作家オリガ・ベルゴリッツ女史（一九一〇―七五）の作品の一節ですが、ロシア研究家の袴田茂樹さんの『文化のリアリティ―日本・ロシア知識人　深層の精神世界』（筑摩書房）を読んでいて、この一節にはじめて出会ったときは目から鱗が落ちるというか、大きな衝撃を受け、大変感動しました。

「私が昼の星のことを知ったのは少女時代、ノブゴロドフ県でのことだった。……これはやっぱり村の教師ピョートル・ペトロヴィッチが語ったことだったと思う。ピョートル・ペトロヴィッチは、星というものは空からけっして消えないものだというようなことを言った。昼の星は夜の星よりもむしろ明るく美しくさえ在るのだけれど、空にはけっして姿をあらわさない。……昼の星は非常に深い、静かな井戸のなかでだけ見ることができる。私たちの頭上高くにあり、私たちにはとうてい見ることのできないこれらの星が、深い地下の、小さく、黒い水鏡のなかでは燃えていて、小さな王冠のように尾の短い、強烈な光を自分のぐるりにまき散らしている……。その晩から、昼の星を観たい！という執念にわたしは猛烈にとりつかれた。／……昼の星を見ることができるのは、どこかの地深くに座を占めてである。普通の目で見えないもの、そして、だから存在していないかに思われるもの、それらが私を通じ、私の奥底に、私のもっとも澄みきった薄明かりのなかに、そのありたけの光彩を放って、みなの目に見えるものになって欲しいと望むのだ。私はそれらのものを、自分自身の光として、自分だけの秘密として、自分のもっとも本質的なものとして、絶えず握っていたいのである。私にはわかっている、それらがなければ、それらの星がなければ、作家としての私はないし、ありえないということが……。」

ベルゴリッツ女史は旧ソ連の詩人であり作家であって、戦後いち早くスターリン主義に反抗して、言葉の復権、良心と誠実さへの回帰を訴えた勇気ある女性、彼女は三〇年代にも「人民の敵とのつながり」の嫌疑で逮捕されている。五〇年代以降、ソ連の知識人たちはスターリン主義的な文化路線に反抗してきたのであるが、その基本路線を敷いたのはスターリン時代においても内面の真実を見うしなわなかったベルゴルツ女史たち、反体制作家だったのです。著者の袴田氏はいつも、この文章を、背筋に軽い戦慄を覚えながら読む、と言っていますが、私もまったく同感です。旧ソ連、ロシアというと社会主義体制が崩壊し、経済・社会は大混乱している、まったく気の毒な国民とわれわれは同情するのですが、袴田さんの報告によると、この国には、「昼の星」が見えるひとたち、創造的な魂の目をもった人達が、社会のあちこちに即座にお互いを理解し合える群島のようなものが形成されていると言う。「昼の星」を信ずるとは、モノや形のように目には見えないが、確実に存在する精神的な価値を信ずるということです。そういう人達がすぐれた芸術作品を媒介にして、お互いに共鳴し、励まし合って生きてゆく群島のようなグループが存在している。物質的には日本より遙かに貧しいが、これらの群島で生きる人達は、モノとカネ以外の尺度を見失って仕舞ったわれわれ日本人より、遙かに精神的に豊かなのではないか。ひょっとすると、彼らのほうが、「昼の星」を信じられない、われわれ、現代日本人を気の毒なことだ、と同情しているのではないかとさえ思えてきます。

袴田さんは、「昼の星」の存在を信ずる能力をもつ人々を、根源的な文化感覚の持ち主ととらえています。ロシアだけでない。私はパリやローマで長年暮らしたのですが、こうした根源的な文化感覚を持ち合わせている多くの知識人、芸術家に出会い、大きな刺激を受け、ともに感動を分かち合う経験を何度もしました。それが大きな生きる喜びにもなりました。ところが日本に帰ってくると事情が一変してしまう。大きな幻滅を味わったわけです。

モスクワでもパリでもすべての市民が「昼の星」を信じて生きているわけではない。金儲けに熱中するひと、立身出世に夢中で、目に見えない精神的価値など信じないひとの方が多い。しかし社会のあちこちに、「昼の星」派の人々が作る群島が存在している。だが、わが国でそういう群島を発見するのはきわめて難しいようです。袴田さんは、この日本の特殊事情をつぎのように説明しています。

「戦後日本には出版物が溢れ、世界の最先端の思想潮流や文芸作品、評論などは瞬く間に翻訳され、ありとあらゆる美術展、創作展、コンサートが開かれている。国民一人当たりの新聞雑誌の講読量も世界でもっとも多い国の一つだし、国民全般の教育水準も世界最高だろう。著名なクラシック・ピアニストの演奏となれば数万円のチケットでさえまたたく間に売り切れてしまうほどの文化国家でさえある。にもかかわらず、実際には根源的な文化感覚を欠いたままでいたずらに情報や知識のみ溢れ、がむしゃらに量的な文化の拡大と経済発展を遂げてきたのではないか。これは戦後の日本についてだけではなく、明治以後の日本全体について言えることである。」

〈根源的な文化感覚〉というと、何やら難しい、形而上学的な議論のように思われるかも知れないのですが、より創造的な、より光輝く、より美しい、より純粋な、よりダイナミックな、より非凡なもの――場合によっては、より力に満ちた、より悪魔的なものさえも含んだ――への強烈な憧れ、礼賛、尊敬の念をもつことだ、といい変えることもできる。……よりという比較級を繰り返しましたが、何よりかと言えば、われわれの日常より以上に、ということです。日常生活は現実的で、実利的、効率主義が支配する世界です。一プラス一は必ず二になる世界、狭い意味できわめて合理的な世界だとも言えます。凡庸で辻褄の合った、安定した日常の世界で、日頃はわれわれはこの世界で生きている。だが、人間はそれだけで満足できない。より優れたもの、より完全なもの、より美しいもの――われわれの日常を越えたものに憧れ、それに近づこうとする。「神は死んだ」(ニーチエ）が、人間は自分たちを越えるものを崇拝し憧れる。天才の芸術創造、その結果である傑作を讃え、賛美する。この「よりよきもの」への鋭い嗅覚、飽くことのない探究心が〈根源的な文化感覚〉だといえるでしょう。「超越者」に憧れる全く非打算的な向上心、と言い換えることもできるかもしれません。

モノとカネ信仰が行き渡った超唯物主義的な日本だが、〈根源的な文化感覚〉にめざめた人がいないわけではない。世代を越えて、少なからぬ人々が芸術文化をこよなく愛し、強い憧れを抱いている。しかしこういう人々が出会い、共鳴し、感動を分かち合う強力な磁場のような場は見当たらず、したがって群島が形成されることもないのです。

「日本に帰国して、大きなショックを受けたのは、ソ連で私がひたっていたあの磁場を知識人社会になかなか見いだすことができなかったことである。興味深い作品にふれた時、興奮して周囲の者に語り、お互いに共鳴板になってその興奮をさらに昂め合うという、あの雰囲気がないのだ。……周辺を見渡しても大学知識人も社会のエリートも、学校の教師も会社のサラリーマンもそれぞれバラバラに自己の関心の世界に生き、みんなが忙しそうに学問に、仕事に、そしてゴルフや家庭サーヴィスにしこしこ励んでいて、共有できる文化感覚というものがどこにも見いだせないのだ。だからどのような偉大な作品が出ても、それが瞬く間にあの精神的共有財産になるということもない。しかし、またそのおかげで、それらを読んでいないから、理解していないからといって人間失格にもならないですむという気安さもある。どのような話題がでても『いや、ちょっとその方面には疎くて』と赤面しないでいえる気安さである。」袴田さんはこう説明するが、私も全く同感です。簡単に言ってしまえば、日本は芸術や文化が本気に真剣に論議されない国だということになる。最初から結論めいた話になったが、「昼の星」の話を冒頭に持ち出したのは、現代日本の文化環境を批判的に検討する前提として、文化感覚の欠如、希薄化という日本の文化の特殊的位相をはっきりつかんで頂きたかったからです。

問われている日本の教養——「空虚な楽園」の文化状況

初回に「星の話」を紹介して、根源的な文化感覚とは何か、というお話をしました。この文化感覚の強弱は、かならずしも物質的な生活の豊かさに比例しません。むしろ反比例するのかも知れない。袴田さんの本から伺えるように、ロシア、旧ソ連は経済的・物質的に日本より遙かに劣るが、しかし強い根源的な文化感覚が社会のあちこちに存在している。いま、日本は大変な経済・金融危機に直面している。金融は経済活動を支え、栄養を補給する血液、循環器系統だといわれるが、それが萎縮し麻痺しかかっている、失業率は戦後最悪の四・三%を記録、銀行・証券会社の業績悪化・倒産が続き、さらに悪化するおそれが強まっている。だが、一二〇〇兆円の資産を擁する日本はいぜん、アメリカにつぐ世界第二の経済大国です。オーストラリアの日本研究家、G・マコーマック氏の戦後日本の研究書『空虚な楽園』(みすず書房・原題 “The Emptiness of Japanese Affluence”)は日本の経済大国ぶりを次のように描いています。

「GNP（少なくとも一九九五年四月の為替レートでは）は、一人当たり国土面積が二倍近い米国の八〇%を越えた。角度を変えてみれば、日本のGNPは、インド亜大陸を含む他のアジア諸国のGNPの合計額の二倍を超えていた。日本の経常収支黒字は年間一〇〇〇億ドルを優に上回った。一億二〇〇〇万たらずの人口で、経済規模では世界一の大国になろうとしていた。かくて単に直前の五〇年どころか、一世紀半前に近代化の道を歩みはじめて以来の最高の野心、もっとも途方もない夢を実現し、それすらも超えようとしていたのだ。」

福沢諭吉はすでに、明治八年刊行の主著『文明論之概略』でこう予言しています。「けだしこの騒乱は、全国の人民、文明に進まんとする奮発なり。我が文明に満足せずして西洋の文明を取らんとする熱心なり。故にその期するところは到底、我が文明をして西洋の文明の如くならしめてこれと並立するか、あるいはその右に出ずるにいたらざれば止むことなかるべし。」

バブル崩壊の直前、日本は経済的・物質的に、つまり彼のいう文明的に、ほとんど福沢の予言をあと一歩で成就するところまでいった、と言えるのではないだろうか。経済的・物質的繁栄をほぼ達成するところまで行ったのだが、文化感覚のほうはそれに反比例して、いよいよ希薄化し、欠如に近いところまで行ってしまった、私はそういう気がしてならないのです。

グルメ、ブランド志向のファッション、中学生のルーズソックス、女子高生の援助交際（実は少女売春）、ファミコン・テレビゲームの大流行。呆れるのですが、若者だけでない。中年のオッサンまで、電車の中で夢中でマンガ本を読みふけっている。こんな光景は、日本だけ。テレビタレントとCMギャルが作りだす疑似文化に日本中がどっぷり浸かっている。女子大学で教えるようになって八年になりますが、残念ながら教え子の学生たちに聞いてみると、多くは文化を次の三つのCと誤解している。①comfort（安楽・快適）②convenience（便利）③cleanness（清潔）です。快適で便利で、そして清潔であることが、そのような都市生活を送れれば、それで文化的だと信じ込んでいる子が大勢いる。「それが文化ですか。それでは、魂や精神、あるいは心に深く係わる問題は何と言えばよいのか」と尋ねると、大抵、絶句してしまう。鋭い文化感覚の反応に接することは皆無に近い、といっても決して過言ではないのです。パソコン、携帯電話を使いこなしファーストフッドに慣れっこになっている。就職の不安、将来の不安、親子関係の難しさなど問題は抱えているのだが、それを真剣に議論することはあまりないらしい。形骸化した授業、大学への不満はかなりあるのだが、それを本気で問題にすることもない。半ば諦め、半ば三つのCで満足し、浮草のような精神状態で日々を送っている学生が大部分ではないか、と思わざるを得ないのです。

さて、九五年一月に阪神淡路大震災が起こって六〇〇〇人以上が死亡した。三月にはオウム真理教団による地下鉄サリン事件が発生、一二人が殺害され数十人の重症者を含む五五〇〇人に及ぶ被害者がでた。この二つの事件で自他ともに誇ってきた日本の安全神話は一挙に崩壊した。今の日本の金融危機の引き金となった多大な不良債券をかかえて経営難に陥った兵庫銀行と木津信用金庫にたいして大蔵省・日銀が破綻処理に踏み切ったのも、九五年八月でした。ところで、未曾有の無差別テロを起こしたオームの幹部たちは麻原はじめ、ヒットしたSFアニメやテレビゲームに熱中し、ハルマゲドンの主張もこうした疑似文化の強い影響によって生まれた。優秀な理科系の若いエリートたちを魅了したオームはオカルト信仰とテクノロジーが本来の文化や教養を抜きにし直接接触し、ショートして火を吹いた事件だったという分析もあります（『われわれ自身のなかのオーム』、吉見俊哉・東大社会情報研究所助教授、「世界」九五年七月号）。それから今日まで、酒鬼薔薇聖斗と名乗る十四歳の少年の残虐な児童殺害事件。同じ歳の少年による女教師ナイフ殺人事件、四人の死者をだした青酸・砒素による無差別殺人……、精神の荒廃、人間の崩壊は少年にまで及んだ。同時に並行して、経済・金融・官僚の世界でも不正、汚職、無責任が横行、政治家たちは事態を建て直す能力を持たず、日本全体で精神の貧困、幼児化が進行した。深刻な危機に直面しているのは経済や金融だけではない。いま、日本人の精神的能力、教養が問われているのではないでしょうか。

「実際に生じたショック――大震災、都市のテロ、為替レートの乱高下――は予想を絶するもので、戦後に日本国民のアイデンティティ、目的意識をつないでいた中心的な糸の一部を断ち切ったり、ゆるめたり、あるいはその結び目をほどいてしまい、戦後数十年間かつて抱いたことがなかったような、将来に対する不安感を生み出すものであった。戦後五〇年の日程――復興、成長、そして先進国としての地位獲得――は明確なものであり、全面的に実現されたが、次の五〇年の日程をどう立てるか、コンセンサスの成立はなく、また過去五〇年間におけるものごとの優先順位は根本的に選択が誤っていたのではないかという疑惑が高まってきた」（『空虚な楽園』）。

「日本人は、不快感と混じり合った、大きな無力感を抱え込んでいるように見える。これは、この日本人の状況を、西欧やアメリカ、または、インドやフィリピンの人々が自国に対して抱いている思いと比較したとき、否定しがたい印象である。

この状況を打破する道はない、というのがいまの支配的な空気である。とすれば、注意は散漫となり、無気力が蔓延し、日本の将来や日本人であることについての不安はお笑いの娯楽で押し流してしまえばいい、ということになる。日本の新世代の若者は、複雑であるが本質的に意味のない電子ゲームに没頭するように奨励されている。どぎつい映像と心理学的に不毛な接触を続けていれば、その心は知的に瀕死の状態に陥っていく。若者がもうけ主義の宣伝に従順に従い、一世紀も前のSF小説に出てくるような幻想空間も人を引き込む「ジョイポリス式の溜まり場に集まってくる姿は、古い世代が、昔ながらの大衆文化のくだらない娯楽に気をまぎらせている姿の、痛ましい反復であり、老いも若きも、つまらないことにうつつをぬかし、自分の生活を少しずつであれ向上させうる能力をみずからふさぐとともに、社会になんらかの貢献を果たしうる能力をも、殺してしまっている」(カレル・ヴァン・ウォルフレン『なぜ日本人は日本を愛せないのか――この不幸な国の行方、Why Can't the Japanese Love Japan?』大原進訳、毎日新聞社)。

この二つの文章を読めば、日本人の精神的能力、教養が、いま世界から問われているといっても決して誇張でないとご理解いただけるのではないだろうか。

戦後半世紀以上が経過したのに、なぜ、こういう事態が続いているのか――この「なぜ」を探るために、われわれの文化環境を総点検し、できれば二十一世紀の日本における、創造的な芸術文化再生の可能性を検討しようというのが、この講座のねらいなのです。

文化環境論とは何か。環境は英語の environment、フランス語の milieu、ドイツ語の unwelt。環境は現代社会学のキーワードのひとつ。なぜいま環境が問題になるのか。人類の利己的な技術を過度に行使する態度が、その生存基盤である自然系や生物生態系を破壊し、人間環境を悪化させる可能性を持つに至ったからである。コントは「すべての有機体の生存に必要な外的条件のすべて」とミリューを定義している。現代の字引を引くと次のような定義にぶつかります。

「一般に、生物や人間を取り巻く外囲のうち、主体の生存と行動に関係ありと考えられる諸要素、諸条件の全体を環境という。低次の文化段階における人類をとりまく環境は、その大部分が自然環境であった。しかし文化が発達し、自然的基盤の上に改変された二次的自然（自然環境）、さらに人工物が累積されていき、しだいに複雑多様な文化環境、あるいは人工的環境が形成される。社会環境、政治環境とならんで文化環境とは、『思想、世論、雰囲気、教育、宗教、芸術、マスコミ、レクリエーションなどの文化活動と、それらに必要な機関、組織、施設、行事などである。人間の精神環境といいかえることも可能』。」

さらに文化とは何かを定義する必要もある。しかし文化の定義は曖昧、複雑で大変だ。ここでは誰でも手軽に参照できる「新明解国語辞典」（三省堂刊）の説明を引いておきます。「狭義では、生産活動と必ずしも直結しない形で、真善美を追求したり、獲得した知恵、知識を伝達したり、人の心に感動を与えたり高度な精神活動、すなわち学問、芸術、宗教、教育、出版などの領域。」よりくわしい文化の定義は、文化と文明の違いについて言及する次回の講義で試みるつもりです。

話が後半いささか理屈っぽくなりましたが、文化環境論と題するこの一連の話で取り上げたいのは、①わが国における芸術文化の創造の条件、アーチストの置かれている立場はどのようなものか、②市民の芸術文化へのアクセスはどうなっているか、③芸術文化を支えるメセナを含むインフラストラクチャーの研究、④わが国の文化政策、文化行政の実態への批判、あるいはその改善の方途をさぐる、⑤海外の芸術文化状況の紹介と比較研究、などの問題です。さらに、現代人は自然環境を離れて都市環境の中で暮らしている。精神や心に決定的な影響をおよぼす都市の現状はどうなっているのか、文化の角度から東京を例に、日本の都市環境についても言及したいと思っています。講義風に話をすすめますが、毎回、十五分ぐらい質疑の時間を作ってみなさんとダイヤローグを深めることができれば、と考えています。一人一人が考え、意見をぶっつけ合う、多事争論以外に、文化の問題の核心に迫る道はない、と信ずるからです。

文化と文明の違い——近代化のひずみ

前回、私が教えている女子大の学生たちの多くが、「文化」を三つのC、快適さ、便利さ、そして清潔さ、つまり現実生活の進歩、向上と同一視しているという話をしました。一般の市民も、文化について同じようなイメージ、観念を抱いていることが多いのではないでしょうか。東京都の文化問題懇談会の副座長をつとめたことがありますが、この懇談会を組織し、委員の意見を取りまとめて知事宛の答申を作った部局は、生活文化局のお役人です。生活文化局とはどういう仕事をするところかといいますと、都民に充実した快適な生活を保証することになっています。芸術も含まれますが、娯楽としての伝統芸能、レジャー、フェスティバル、茶道のような伝統文化の実践、首都としての便利・快適さの保証、都市景観問題など、実に幅広い領域をカヴァーすることになっている。つまり都民のライフ・カルチャーにかかわることをすべて担当する。ところが、この局の予算はじつに少ない。職員の数もきわめて限られている（ここ、横浜市は違うかも知れない。何しろこんな連続講座を幾つも開催しているくらいですからね）。中央区の文化関係委員をやっているとき、こんな経験をしました。区が文化施設の建設を計画しました。住民アンケートをしたところ、カラオケ・ルームや結婚式場、碁会所もその施設に作れと要望が多かった。生活文化、民主主義の建前からこうした要望を拒否することはむずかしい。しかし、こうした要望をすべて盛り込めば文化施設でなくなってしまう。生活文化部の人たちはどうしたらいいのか、大いに頭を悩ませたようです。

企業メセナ協議会が出来ると、大手企業は芸術文化支援と取り組む専門部署を設けました。ところが部署の名前は、生活文化部、社会貢献室といったものがほとんどで、芸術文化室、あるいは文化部という名称は皆無です。芸術文化という言葉は敬遠される。われわれ日本人はライフ・カルチャーが好きなんですね。ところがパリやロンドン、ストックフォルム、あるいはニューヨークでは、芸術文化局はあるがBureau of Life-Cultureという名前の部局は存在しない。世界的にはカルチャーといえば三つのC（Comfort, Convenience, Clean）に代表されるものではなくて、人間の精神や教養の発展・向上と深くかかわる芸術文化に代表されるものを意味します。自治体には芸術文化局はあっても、生活文化局はない。つまり「文化」に関する常識が日本とは全く異なっているのです。どうしてそうなったのか。そのことを皆さんと一緒に考えてみたいと思うわけです。

瓦礫の焼け野原からの復興ということで、戦後の日本はゼロから再出発した。貧困からの脱出のためにはつねに経済効率の追求に追われ、芸術文化に心を配る余裕がなかったのだ、それで生活文化が重視されるようになったのだという人がいます。しかし、戦前から文化鍋、文化包丁、文化住宅という言い方があった。子どものころ、お祭りの縁日で文化万年筆というのを売っていた。赤、青二色のインキが使えて判子までついている。きわめて便利な万年筆というわけで、これが買いたくて仕様がなかった記憶があります。文化というのは、便利で快適なんだ、こういう考えが戦前から庶民の間で広がっていたのです。その延長上にいまの若者たちが文化というと3C（生活文化）を連想するが、人間の精神を深く感動させる精神の労作、つまり芸術作品、それを生み出す精神文化のことは思い浮かばない、という事態が生まれたのではないでしょうか。

文化施設の話をしましたが、過去十年くらい、全国で文化施設建設ラッシュが続きました。六〇年代はじめには二〇〇館くらいだったのが、いまでは二五〇〇館くらいあります。数百億円、なかには千億円をこえる巨費を投じた文化施設も見かけます。その多くは芝居もできればクラシック音楽会場にもなる、見本市や演説・講演会場にも使えるという多目的ホールです。外見は入口が大理石で飾られていたり、一見豪華で便利・快適な建物に見えますが、多目的ホールは無目的ホールなのです。何にでも使えるというのは、実は何に使っても使い勝手がよくない施設だということだから当然ですね。ところがこうした施設ができると、自分の住む町が文化的になったと錯覚してしまう。かくして一見豪華な建物、ハコが全国に林立するようになった。私たちはこうした現象をハコモノ主義といって批判してきました。住民のためにすぐれた芸術文化を鑑賞する場を提供するために文化施設は建てられたはずなのですが、肝心の中身であるソフト、芸術公演や美術作品の展示に対する配慮もカネも全くない。プログラムを組む専門家もいない。自主企画は年平均わずか十日程度であとは貸し館です。中身よりハコを建てることが優先される、こうした傾向をハコモノ主義というわけですが、英語で何といえばいいのか、たいへん苦労しました。しいて訳せば、〝Container-oriented trend〟というのだそうです。世界に例のない、日本独自の珍現象ですね。ハコモノ主義、コンテナー主義についてはもう一度、もっと詳しく説明するつもりです。

文化が生活文化と芸術文化に二分されていて、国政も地方行政も生活文化は重視するが、芸術文化と本気で取り組む姿勢を示してこなかった（文化庁の芸術振興予算は全部かき集めても二百億円足らず、西欧諸国と比較にもならない。ちなみにスイスの文化予算は人口わずか六百万人で千二百億円です）。そもそも文化という言葉がいまのような意味で日本語として使われだしたのは明治維新以降のことです。Culture という外国語を文化と訳したのですが、同時に文明という言葉も盛んに使われました。これは Civilization の訳語です。「ザンギリ頭を叩いて見れば文明開化の音がする。」福沢諭吉の主著『文明論之概略』でした。ここで文化と文明、このふたつの言葉について、すこし考えてみたいと思います。

まず、いま、この二つの言葉はどのような意味合いで使われているか、新明解国語辞典（第五版）の定義を紹介してみます。

文化については、狭義ではと前置きした上で「生産活動と必ずしも直結しない形で真善美を追求したり、獲得した知恵・知識を伝達したり、人の心に感動を与える高度な精神活動」と定義しています。具体的に、学問、芸術、宗教、教育、出版をあげている。

では文明はどうなっているか。文明とは？

「農耕・牧畜によって生産したものを主な食糧とし、種々の専門職に従事する人々が集まって形成する都市を中心に整然と組織された社会の状態。通常、狭義の文化＝精神文化を伴う。狭義では（文明は）そのような社会がさらに発展し、特に技術の水準が著しく向上した状態を指す。――技術面・物質面のみが発展したことを強調するために『技術文明・物質文明』と表現することがある。例：工業化が進み、物質文明が行き着くところまで行った。」

文化と文明がちがうのは、一応分かって頂けたと思う。だが厄介なのは、先史時代文化、狩猟採集民族文化ということはあるが、歴史時代に入ってからの文化は、種々の専門職の人々が集まって形成する都市を中心に整然と組織された社会、つまり都市の社会で発達した。文化と文明はダブった形で存在している。区別が難しいところがあるのです。二つの言葉の語源に遡って考えてみると――「文化」Cultureは、植物を耕作する、栽培するという動詞ColereからCulturaというラテン語の名詞ができ、それがフランス語のCultureになった。Cultureの原義は農業の耕作。農作物は自然の産物であるが、人間の身体や心も自然の一部であり、ことに「人間の内なる自然」（本能、衝動、情念など）を耕すことにも適用されるようになり、人間の内的自然、心や精神の耕作＝教養を意味するようになった。さらに、宗教、哲学、芸術、学問、法律など、人間の心的・精神的な生産活動を「文化」と称するようになったわけです。

これに対して「文明」Civilizationの方は同じくラテン語のCivis, Civilis, つまり市民、あるいは市民の、という言葉から生まれた。十六世紀にフランス語でCiviliser「都市市民に相応しい教養・洗練を身につける」という動詞が使われるようになり、英語でもCivilizeということが言われるようになった。啓蒙の世紀である十八世紀になると、Civilisation, Civilizationという名詞形がさかんに使われるようになる。「理性の光によって蒙をひらく」「科学や技術の発達によって人間生活の進歩を実現する」ことを意味する言葉である。文化も文明も人間の心や精神の発達向上を意味する言葉だが、前者「文化」が個々人の、個別の共同体の教養に重点を置くのに対して、後者「文明」は、理性や近代的知（科学、技術）による人類全体の進歩・発展をとくに強調しているようです。文化は個別性に富み、文明は普遍性を主張するとも言えましょう。

図式化すると、文化の対立概念は自然ですが、文明の反対は、野蛮、未開ということになります。注意しなければならないのは、文化はギリシャ文化、フランス文化、中国文化、日本文化というように、地域と民族ごとに成立し、それぞれの歴史を通じて自立しながら、ゆるやかな発展を示すのに対して、文明は普遍性に基づくので多分に外に対して攻撃的性格をもつことです。ことに近代文明は西欧中心主義的で、野蛮ないし未開、あるいは半未開な非西欧世界を開化する、文明化して行こうとする。文明には、合理主義的な社会運営、科学・技術の成果を強引に押し広めて行こうとする使命感がある。これを文明のブルドーザー的性格だと言う人もいます。

さて、明治の開国に遡って考えると、黒船の脅威に脅かされたわれわれの先祖は何とかして植民地化を免れようと必死で近代化＝西欧化と取り組んだ。この近代化は西洋の精神文化を学ぶことよりも、強力な黒船と大砲を作りだした西欧の文明を一日もはやくわがものにして、自主独立を守ろうという悲願からスタートしました。西欧近代知の産物である科学、技術、工業、軍事力、つまり西欧文明を自国の文化を棄ててでも、短期間で何とか習得しようとしました。福沢は流石に「文明とは人の身を安楽にして心を高尚にするを言うなり。衣食を饒にして人品を貴くするを言うなり。或いは身の安楽のみを持って文明といわんか。人生の目的は衣食のみにあらず。若し衣食のみを目的とせば、人間は只蟻の如きのみ、又蜜蜂の如きのみ」と語り、文明＝物質的・現実的進歩だけが近代化の目的ではないと強調しています。「文明とは人の安楽と品位との進歩をいうなり」ともいっています。しかし明治の文明開化は、前者、物質的進歩に傾き、「品位の進歩」はなおざりにしがちだったと思います。しかも、開化（文明の導入）は、すさまじいテンポで行なわれた。世界を制覇した西欧の近代文明は、ギリシャ・ローマ以来のそれぞれの民族、国の文化の蓄積、キリスト教の伝統を母胎にして生まれた近代知（科学・技術）によって時間をかけて完成され、先に述べたように攻撃的に世界に伝播しました。西欧固有の文化の二千年をこえる蓄積があって、その結果として西欧近代文明が誕生したのです。しかし、開化の大波が怒涛のように次から次に襲ってくるので、日本は十分消化する暇もなく文明の産物を全く受け身で導入し続けなければならなかったのです。明治維新以来の近代化＝西欧化、具体的には富国強兵政策は、このような形で進められました。和魂洋才ですから、精神＝文化は日本古来の伝統でまかなうという姿勢です。日清・日露戦争は勝ったけれども、これはそもそも無理だった。文化と文明を混同してしまい、西欧文明を物質主義、生産主義としてしか理解できなかったのです。もっとも大正・昭和初期にはドイツ流の教養主義が一時的に流行したことがあります。ドイツ固有の文化の深さを強調してフランス流の文明と対決しようとした思想家ヘルダー（Johann Gottfried Herder, 1744-1803）の考えが入ってきて「文明は外面的・物質的だが、文化は内面的・精神的」だという立場から、実学的・産業的な文明よりも、哲学、芸術、倫理、宗教など精神的価値を強調する文化を重視しようとする大正教養主義が起こったのですが、軍国主義の勃興でこれは長くは続かなかった。西欧の文化や思想は有害無益なものとしてきびしく排斥、追放されるようになったからです。荒唐無稽な「八紘一宇」をとなえて日中戦争、太平洋戦争に突入、そして敗戦。戦後はアメリカの圧倒的な影響のもとに、アメリカ文明を追ってふたたび、効率主義一本槍の経済復興をめざします。国際経済競争の道をひたすら走りつづけたわけです。物質的に豊かになり、生活が便利になることが文化的進歩だと広く信じられるようになり、先に申したように、3Cが精神、芸術文化の代用品になってしまったのです。欧米では、どんなに普遍的な文明が広まっても、文化は精神的価値を形成する大切なものとして重視され、各国ともその育成・発展に力を注いできました。この格差は大変なものです。現在は深刻な不況ですが、ついこの間までわが国では物質的繁栄に有頂天になり、モノの生産競争ばかりでなく、文化的にも欧米に学ぶものはなくなったという傲慢な意見が一時横行しました。便利で快適な生活を送ることが人間の究極の目標になりうるかのように。全く皮相で浅薄な見解と言わなければなりません。金融機関の倒産、企業の軒並み業績悪化、戦後最悪の失業率の記録など不況克服はいまの日本が直面する最大の課題であることは間違いありませんが、それ以上に深刻なのは、精神的価値の喪失、文化の危機ではないでしょうか。国も国民も目標やアイデンティティを失ってしまった。明治維新以来の物質主義的文明観はいま、完全に行き詰まってしまったといっても過言ではありますまい。公害や環境破壊の問題を考えてみれば、それは一目瞭然です。経済成長率が二%程度に回復したら、それで日本はめでたしめでたし、でしょうか。表面的には不況が問題ですが、われわれの不安の根源は、精神的価値の喪失、二十一世紀にのぞむ文化的・精神的指標が全く見当たらないという文化の危機にあるのではないでしょうか。保守主義者の論客、故福田恒存氏は「文化国家になるのは経済大国になるのよりはるかに難しい。文化は生まれ育つものだからだ。国民の九割が中流意識を持ち、それに満足して消費に狂奔している国に、経済優先を批判する目は育たない」という痛烈な遺言をのこしているくらいです。

たしかにわれわれは文明の利器なしには一日も暮らせません。しかし文化＝精神的価値の創造なしに生きてゆくことも困難です。人はパンのみに生きるに非ずという言葉をあらためて噛みしめなければならないわけです。

東京は美しいか？——一億二千万人の故郷喪失

いまのわれわれにとって、最も身近な文化環境は都市ではないだろうか。日本人の九割が市の住民として大小、さまざまな都会で生活しているからだ（昭和六十年〔一九八五年〕には市の数は六五二、ここに九三〇〇万人、総人口の七五・九％が住むようになった。昭和になってから六〇年余りに、実に八〇〇〇万人が市の人口として増加した＝田村明著『まちづくりの発想』岩波新書）。芸術文化や文化政策、あるいはメセナの問題を検討するまえに、われわれが生活する都市環境はどのようなものなのか。美しいといえるのか、醜いのか。便利、快適、清潔という基準や商業・経済の集積という都市機能中心主義を離れて、われわれの暮らす都市を「文化の視点」から論じてみようと思う。例として東京を取り上げます。東京は、戦後の日本列島の強引なブルトーザ的都市化のモデルであり、多くの地方都市は東京のコピーとして形成されてきた。私は下町生まれの江戸っ子三代目で、生まれて以来、一二年の海外生活を除けばいつも東京で暮らしてきました。第七次東京都文化懇談会のメンバーとして『都市文化の創造をめざして――二十一世紀東京のヴィジョン』（平成九年）の答申作成に参加した経験もあります。「東京は美しいか?」、たまたま同じ題で「建築東京」（東京建築士会、一九九八年№四〇一）という雑誌に寄稿した小文がありますので、まずそれを引用させて頂きます。

「都心の高層ビルの三〇階から東京タワー周辺の景観を見おろして、その〝醜さ〟におどろいた。美しいといってよい洗練されたビルも散見するのだが、高さも大きさもまちまち、どこに道路があるのか見当もつかない。高名な建築家芦原義信氏の『東京の美学――混沌と秩序』（岩波新書）によれば、『歴史的にも地理的にも、世界的に著名な建築や都市はほとんどが全体発想のものであり、左右対称性、正面性、象徴性、記念性といった四大属性をもった普遍的なもの』だそうだ。もっとも同氏は『カオスやフラクタルのような新しい考え方は、部分的発想で、一見、混沌とした東京の都市形成の中にこそ存在しているのではないか』と考えておられるようだが、筆者には混沌はどこまでいっても混沌、明日の美学につながるとはとても思えないのだが……。」

こういう偉い先生が黒いカラスを白いスワンかも知れないといわれるのは頂けない。しかし白は白、黒は黒とズバリと言い切った優れた都市論もあります。井尻千男《かずお》氏の『自画像としての都市

――その理念と造営能力を問う』（東洋経済新報社）です。

「東京、大阪あるいはあなたの住む街を思い浮かべて欲しい。そして終いの住処としてこの街を愛せるかと問うてほしい。故郷への愛着とは別に、便利不便とは別に、美しいか醜いかという尺度がある。貧しくても美しいということがあるように、豊かでも醜いということがある。個々には美しいが全体として醜いということもある。」

「便利になった」という尺度ではなくて、こういう尺度で自分の住む街を直視することが、われわれはなさ過ぎたのではないだろうか。浅草の瓢簞池を埋め、上野の不忍池を半分に削り、立派な山門の残った芝の増上寺の境内にゴルフの練習場とホテルを作った。墨堤をカミソリ堤防に作り替えた。開発という名の破壊が進行して東京は混沌化した。何のための効率か分からないが、開発の効率のために「もう一つの尺度」は完全に忘れ去られたのです。しかも全国の都市がこの東京の例に右へ倣いして、今日の日本の都市状況が生まれたのです。井尻氏はこのような事情を踏まえて、次のような問題的をしています。

「……私は、現在の東京という醜い街をつくったのは誰か、という犯人探しをする気もない。まぎれもなく日本人の自画像だと思うからである。この都市が貧相なのは、今日の日本人が都市を造営するにあたって必要な理念装置を喪失しているに相違ないのである。政治が悪いの行政が悪いのといっても、それはほんの表層のことにすぎない。根本は今日の日本人が、特に戦後の日本人が、価値観の優先順位について重大なことを忘却してしまったからにほかならない。われわれはこの見栄えのしない自画像をにらんで、その忘れたことを考えてみる以外にないのである。」

生涯を都市で送る都市生活者は、本来、どのような恩恵を享受してきたのだろうか。三つのポイントを上げることができると思います。一つは永遠性、象徴性です。個人の一生ははかない。平均寿命が延びたといっても七、八十年です。大伽藍、広場、王宮など随所に歴史的記念物がのこる大都市は、自分の短い一生を越えた永遠性を感じさせます。自分は歴史とともに生きているのだという感覚を与えてくれます。第二には「最良の今」――科学技術の最新の進歩の成果にもとづいて生活上の便利、快適を享受し、交通や情報の複雑な回路を自由に利用できるという利点です。第三のポイントには、都市がもつ個人の記憶装置としての機能があります。もちろん都市は時代とともに変容していきますが、両親や自分が通った学校に自分の子孫も通う。町並みや町名が保持されていて、祝祭やさまざまな出来事が起こった広場が今もあれば、年老いた人が人生を回想する貴重なよすがであり続けています。われわれ、今の日本人は全く忘却してしまったが、都市が持つこの記憶装置の役割も個々の市民の心理に安定と落ちつきを与える大切な要素だったのです。おわかりのように、いまの日本の都市にはポイント②はあっても、①と③が全く欠けているのではないでしょうか。――もっとも東京の場合、過剰集中とオウム・サリン事件のような無差別犯罪、あるいは大震災の発生を考えると、麻痺寸前の状態にあるといっても過言ではないのですが……。われわれは都会で暮らしながら、都会で暮らす恩恵をほぼ失った状態にある。イライラし不安であるのは、不況や失業のせいだけではないのです。

東京のような大都市にさえ、永遠性・象徴性がなく、個人の記憶装置としての機能も全く欠けているのですから、愛着の抱きようがない。あるいは終の住処としてその美醜に深い関心をもつことも出来なくなっています。つまり、東京生まれの都民はすべて「故郷喪失者」なのです。一億二千万人が故郷喪失と冒頭で言いましたが、これも誇張でない。国民の殆どが大小の都会で暮らしています。全国の大小の都会はすべて東京にならって建設という名の破壊を続けてきたのですからわずか、二十年三十年ですっかり変わってしまう。故郷だと思って地方に帰っても、自分が育ったころの面影の大半は消失している日本人のほとんどがdéracinés,故郷喪失者になってしまったのではないか。世界でも類例のないことだと思うのですが、その異常さが問題にならなかったという異常さに驚かざるを得ない次第です。われわれは戦争世代でない。直接の戦争責任はない。破壊や殺人にかかわっていない。しかし、経済成長一辺倒の建設という名のもとで行なわれた戦後の破壊に甘んじてきた。内心賛成ではなかったかも知れないが、許容してきた。そしていま「醜い自画像」を突きつけられている。次の世代にこういう都市の荒廃をのこして行かざるを得ない、その責任は免れないと思うのですが……。

東京は文化都市か？

朝日新聞の論説委員だったころ、当時の鈴木俊一都知事に次のような質問を呈したことがあります。副都心計画がしきりに宣伝され、知事はインテリジェント超高層ビルの林立する副都心ができれば、東京は世界の文化発信都市になると胸をそらせました。そこで「そうおっしゃるが、東京にどのような発信すべき文化があるのか」と尋ねたのですが、知事は口ごもり、無言でした。都庁ができ、何と一六七五億の巨費を投じた国際フォーラムが誕生しました。バブル崩壊で大規模な計画縮小を余儀なくされましたが、副都心には巨大な国際見本市会場ができました。しかし東京が文化都市として世界の注目を引くような発信を行なったという話は聞きません。国際フォーラムの場合、一年間の電気光熱料だけで年間一二億円、清掃費が六億円もかかるのですが、国際交流、芸術文化の公演で何ら注目すべき成果をあげていない。この建物はハコモノ主義の代表的存在というしかありません。都の文化懇談会の副座長（座長・高階秀爾氏）をつとめたと申しましたが、この懇談会ではめずらしく官僚主導型ではなく、各委員が意欲的に発言し徹底的に都の文化行政を批判しました。わたくしが纏めた役を引き受けた答申草案も相当な過激な都政批判になりました。このときの議論を参考にして、文化都市・東京の条件とは何か、を考えてみたいと思います。

①内外の芸術家や芸術を志す人が大勢おり、彼らが生み出す質の高い芸術文化が都市文化をリードしている。優れた創造や徹底した美の追求が生み出す芸術文化が、新たな価値故に時代を切り開き、都市の文化を牽引する。その芸術文化が東京の印象となり、世界へと広がって行く。

②市民が優れた芸術文化環境に深い関心を持っている。

③人の集積、情報を中心に人と人との交流が活発になり、異文化を背景とする人々との交流は違和感、摩擦、きしみをもたらすが、それが新たな創造のインスピレーションになる——創造への刺激に富む街。

④アーチストの研修、経済的支援、芸術家同士の密接な交流を生み出すアーチスト・イン・レジデンス事業がある。

⑤伝統芸能や技術、建物などの歴史的遺産が大切に継承され、市民の生活を豊かにしている。

⑥豊かな文化の享受・創造――料金、時間帯、アクセス、情報、内容などでの配慮など、市民が沢山の選択肢から自分にあったものを選べる。

⑦ハコを生かす――アートマネージャー、プロデューサーはじめ、さまざまなインターメディアリーの人材が揃っている。

他にもまだ挙げられるでしょうが、現代の文化都市の条件を七つ列挙してみました。実はこれらの文化都市の条件は、懇談会メンバーが何度も熱心に議論し合って選んだものです。図らずも現在の東京にとってはどの条件も当てはまらない。残念ながら「ないない尽くし」です。前段で申し上げたように「東京は美しい」とはいえない。そして「文化都市ともとてもいえない」ことが判明したわけです。無計画、無秩序、混沌とした東京、いや全国の大小都市もいかんなくミニ東京ぶりを発揮しています。東京人のみならず、日本人全体が故郷を喪失してその日暮らしのデラシネ生活に甘んじている。こうした都市環境で生活せざるを得ないために、われわれが不安でイライラし、刹那的な暮らしを送っている。いや、モノとカネに追われ、精神的価値を全く省みなかった結果、われわれはいま、最悪の都市環境に甘んじる羽目に陥ったのか。いずれにしても、文化の視点から都市を考え直す勇気を持たないかぎり、二十一世紀になっても、日本は精神的によみがえることができないのではないか、と危惧せざるを得ません。現在のような都市環境にあっては、自分の住む街を愛することはできない。ところがほとんどの日本人が都市に住んでいるわけですから、誰もそんな都市の集積である日本を愛することはできない。ナショナルな意味でなくて、国を愛し、慈しむ心なくして、いかなる国民も、自国の再生・再建をはかることは不可能なはずなのですが……。

仏作って魂入れず――ハコモノ主義批判

日本でも文化、文化とよく言いますが、すでに見たようにそれはLife-Culture「生活文化」のことで、Arts-Culture「芸術文化」のことではない。あるいは、前者がほとんどで、「芸術文化」はほんのつけたりに過ぎないことが多い。あるいは、両者は全く混同されてしまっていて区別がつかない状態なのではないか。お役所の組織もそうなっている。文化庁というお役所があり、その長は長官という。よほど偉いんだろうと思いがちですが、文部省の一部局に過ぎない。長官の下に文化部長がいるのですが、それは文化普及課、芸術課、国語課、著作権課、企画調査室、宗務課からなっている。宗教まで扱うんですね。もうひとつ、文化財保護部というのもあって、こちらは伝統文化課とその普及助成室、記念物課、美術工芸課、建造物課からなっている。アーツ・カルチャーに直接関係するのは芸術課だけ。文化庁の予算自体がきわめて少ないが、芸術文化――芸術の創造・振興、芸術家の育成・支援――に関する予算は、あらゆるジャンルの芸術を対称にしてわずか二〇〇億円程度です。とても外国と比較できない。日本語で文化庁長官というと偉そうですが、英語ではCultural Agencyというんですね。都や市町村では生活文化局、生活文化課が「芸術文化」も扱うことになっていますが、これらの部局には芸術文化にくわしい人は皆無といってよい。国も自治体も、「芸術文化」と本気で取り組んでいるとはとても思えない。生活文化をすすめる価値基準は、例の3C、市民生活の便利、快適、清潔さだと思うのですが、芸術文化の場合、どんな価値基準があるのか。そもそも、芸術とは何なのか。なぜ芸術振興が必要なのか。きわめて曖昧なままです。西欧では文化省や芸術文化局はあるが、生活文化局は存在しない。いずれもアーツ・カルチャーの創造、振興、支援、アーティストの育成をはっきり目的としている機関です。外国では国も、自治体も芸術文化を大切にしているのに、わが国の事情はそれとかけ離れている。フランスでは大統領の陣頭指揮で首都パリの芸術文化施設の建設・大改修が進められた。文化省の予算は国家予算の一％近い。ベルギーの文化大臣は「国民を結びつけるセメント」と芸術文化の意義を強調しています。

芸術とは何か。私の知人でコリーヌ・ブレというフランスの女性ジャーナリストはアートの現代的意義をこう定義しています。「非日常とは、生命の緊張感、生きるテンションのことである。人間は何処から来たのか、なぜ生きるのか、どうしてこんな人生、何処へ行くのか……こういった不変で基本的な問い掛けをずっと、答えを出さなくても、感じさせてくれるテンションがなければ、（私の）暮らしにも人生にも大した喜びを感じられないのである。今、聖なることを含めて、非日常の風を運んでくれるのは、アートぐらいではないだろうか。」もう一つ。「芸術表現は、生というものをどうとらえていくのか。生きてゆく上で何が人を支えているのか、という問題との接触だと思う。生きて行くのはとても大変なことであり、人生を勇気づけ、生を拡大するのはアートの大切な役割だ。そういう問題をどう考えるかが重要で、それがなければ芸術活動をする理由はない。」これは国際的な舞踏集団「山海塾」を率いる天児牛大氏の言葉です。

非日常、聖なるものを含んでいる、人生を勇気づけ、生を拡大する……芸術は、便利や快適さが重視される「生活文化」とは次元が違うもので、その特徴は、①類似品がない唯一なもの――独創性、②繰り返し、コピーが効かない一回性、③現実に役立つか否かを越えた非効率性、④純粋な精神や心の喜びをもたらす自己完結性などにある。袴田さん流の言い方をすれば、アーティストは、俗人であるわれわれには見えない「星の世界」からのメッセージを伝えてくれる掛けがえのない貴重な存在、ということになります。

現実生活の進歩・向上にかかわる生活文化を否定するものではないが、現実生活を超越する芸術文化が文化全体の頂点として存在するかどうか、はその国の品位、国民の精神性の高低を判断するカギになるものです。アーチストは天分に恵まれた上に訓練を積んだプロフェッショナルであり、すぐれた芸術作品はそのアーチストが心身を賭けた精神の労作です。俗人、大衆は芸術を自ら作りだすことはできないが、それに憧れ感動する。芸術を享受して深く共感した体験を心から分かち合う。このアーチストと市民の関係の健全な発展を促進するのが、文化政策、文化行政のアルファであり、オメガであるといっても過言ではあるまい。芸術文化を頂点として、その下に一般市民のより幅広い「生活文化」が活発に営まれるのが理想であるといえるでしょう。こうした認識が基本的にかけているわが国の〈文化の貧困〉の実例として、例のハコモノ主義の問題を具体的に検討してみたいと思います。

芸術文化は人喰い虫

芸術文化はカネ喰い虫だといわれます。商業的なエンターテイメントなら、その時々の大衆の興味に合わせた出し物で連日、後楽園のドームを満員にすることも不可能ではない。しかし芸術の公演はそうはいきません。エンターテイメントの場合は興行収益本位のプログラムを組めるが、芸術の場合は経済性ばかりでなく芸術性の実現を大事にしなければならない。世間的顧慮や興行収入を無視することはできないが、それ以上にアーチストの創作の自由を保証しなければなりません。また、市民の芸術へのアクセスを容易にするためには、入場料もできるだけ安く設定しなければならない。だから、国、地方公共団体の公的資金、あるいは企業や個人のメセナによる支援金が必要になるわけです。だからどこの国でも芸術文化は大変なカネ喰い虫なのです。だが、同時に大変な人喰い虫でもあるのです。芸術文化の振興にカネがかかることはようやく世論も理解しだしたようだが、この人喰い虫だという事実は全く理解されていない。無目的に通じる多目的文化施設の乱立が全国でいまだに続いていることも、そのことを裏書きしているといえるでしょう。

そもそも、ホールの殆どは「多目的ホール」(九二%)で、専用ホールは七%に過ぎない。芸術文化の催しには適さないが、一〇〇〇から二〇〇〇席という大型ホールが多い。巨費の公金を投入したホールがあまり活用されることもなく、半ば遊休施設化している。その最大の原因は、ハコは建ててもそこで企画し、自主事業を行なうヒトがいない。その養成も行なわれていないことにあります。

東京への文化の一極集中が極端なのだから、とにかく地方に文化施設ができることはいいことだ、という人がいるが、私はそうは考えない。ヒトを無視したハコの乱立は本末転倒であって、マイナスの結果しか生まない。立派なハコができただけでその地域が文化的になったという軽薄な錯覚が全国的に広まるだけです。人手不足で行なわれる雑多な「生活文化」の催しが「芸術文化」と取り違えられてしまう。これだけハコが出来て日本の地方の芸術振興が盛んになったという話をきかないのはなぜか。どうしてハコモノ主義という奇現象が日本全国に蔓延してしまったのか。その背景には、芸術文化が大変な人喰い虫であるということが、全く理解されていないという事実があります。

私も見学取材したことがあるが、ミュンヘンのバイエルン国立歌劇場では劇場全体で約一〇〇〇人、パートタイマー五〇〇人を合わせて常時、一五〇〇人が働いている。内訳はオーケストラが一四〇人、コーラス一二〇人、バレエ一〇〇人、専属歌手三〇人、他にゲスト・アーチストとして指揮者、演出家、デザイナー、歌手など、一シーズンに四〇〇から五〇〇人のアーチストが参加します。劇場の技術部門で働く人は約三〇〇人。管理部門は約八〇人。この歌劇場はレパートリー・システムを取っていて年間三〇七本（うちバレエ六五本）の公演を行なう。一年中ほとんどフル稼働です。この歌劇場はさらにミュンヘン郊外に作業場、倉庫を持っている。専属で六五人が働いており、靴は別として、大道具、小道具、衣装のすべてが作業場で作られているのです（参照・渡辺守章著「舞台芸術論」放送大学教材）。パリのオペラ座はバスティーユ劇場を合わせると二五〇〇人。歌劇場が特別なのではない。ニューヨークのMOMAではキュレーター部九〇人、デブロッパー部四一人を含む六〇〇人が、フランスの近代芸術の殿堂、ポンピドーセンターでは一一〇〇人もの人が常時、働いています。ユニークで学術的にも充実した国際的な展覧会の自主企画は大勢の専門職の人々の努力によって初めて可能になるのです。

ハードウェア、ソフトウェア、ヒューマンウェアの三つが揃わなければ、大輪の芸術文化の華が育つ土壌（インフラ）は生まれない。もちろん、この三つが揃うためには公的資金、民間資金を問わず相当な文化資金が必要になります。まず、ハードの建設には大変カネがかかります。だが、ソフトウエアである、芸術作品の制作・公演には、アーチスト本人だけでなく、バックステージの人々、プロデューサー、アート・マネージャーなどの訓練・育成が必要で、カネだけでなく、綿密な人的計画・構想が立てられなければなりません。すぐれた芸術（ソフト）の創造はすぐれたアーチストによって作られ、上演される。舞台上の彼らを支えるバックステージの人々の支えがあって、はじめて芸術は華開く。それを享受し鑑賞する豊かな鑑賞能力をもった観客、聴衆をそだてて行くのも大変な仕事です。芸術文化は、人に始まって人に終わる、といっても過言ではありますまい。繰り返しになりますが、芸術文化はカネ喰い虫であると同時に、大変な人喰い虫なのです。

パリのルーブル美術館は、有名なガラスのピラミッド建設を中心に大改修されました。ご存じのようにルーブルのコレクションは膨大です。さらに収集作品が増えて、収納庫やそれを研究するキュレーターの研究施設が絶対的に不足していました。「芸術の民主化」が進んで、毎日の見学者の数も膨張する一方で、来館者の入場、鑑賞の便宜を抜本的に改革する必要もありました。豊富過ぎる収蔵品をどうすれば夥しい来館者に分かりやすく展示できるか、そういう要請があって大改修が行なわれたのです。中身がないのに表面だけ立派なハコを作るという日本式ハコモノ競争を強行したら、そういう税金の使い方をしたら、パリでもロンドンでも納税者の不満が爆発し、きっと革命騒ぎが起こるでしょう。

かつてアヴィニョン郊外の石きり場でピーター・ブルックの『マハバーラタ』の初演を見たこと

があります。夜の八時から翌朝までの徹夜公演です。階段式のお粗末な観客席とプレハブのお便所があるだけ、舞台もなければ、オーケストラ席もない。舞台装置も全くない。聖書の十倍以上の長さのあるヒンズー教の神話を舞台化した三部作のお芝居は、夜を徹して俳優たちが駆け回るたびに砂ぼこりが舞い上がる土の上で繰り広げられます。一枚のカーペットが宮殿になる。細い水たまりがガンジス河を表わしている。蝉時雨の残照の時刻に始まって、一番星、二番星に続いて眩い朝の光がそそぐ払暁まで、俳優たちのすばらしい芝居にすっかり心を奪われてしまいました。「生きていてこれを観ることができて本当に良かった」と芝居の醍醐味、生きる喜びを満喫したのです。こういう感激経験は滅多にありません。「マハーバラタ」は米国、日本、韓国など全世界で上演され高い評価を得た芝居ですが、額縁舞台も舞台装置もない、このアヴィニョン郊外の石きり場での公演が最高だったと言われています。ブルックはこの芝居（ソフト）の準備に十年の歳月を費やし、俳優も音楽師たちも何度もインドに勉強に出かけています。俳優たちは国籍もまちまちな無名の人々ですが、徹底的に稽古を積み重ねたヴェテラン揃いです。まるでゆっくり時間をかけて熟成したブドウ酒のような完璧な芝居だったのです。ハコは便宜上必要ですが、本質的には芸術と関係がないといえます。ソフトとヒトが優れていれば、何もない石きり場跡が申し分ない舞台に変わるのを、まざまざと体験したわけです。ピーター・ブルックはパリでは場末のブッフ・デュ・ノールという劇場で公演していたのですが、この劇場は火災にあって中が焼け落ちた建物です。土の平戸間が舞台、やはりカーペット一枚が「桜の園」のお屋敷になる。平戸間の土が「カルメン」の闘牛場に早変わり。それでお芝居の最高のリアリティを実現するのですから、ブルックは本当に演劇の魔術師だと思いました。そういう演劇を作りだすブルックは最高のアーチストであり、かれに鍛え抜かれた俳優たちも無名の人々から優れたアーチストに変貌したのです。巨費を投ずるハコ造りには熱心だが肝心のソフト＝芸術には無関心、俳優はじめアーチスト、バックステージで活躍する人材の育成に金をかけようとしない。これでは、とても文化行政とは言えない。しかし問題はお役所だけでない。しっかりした芸術創造の理念もない文化政策、文化行政にきびしい批判の矢を放たなかったわれわれ市民も、ハコモノ主義という名の〈文化の荒廃〉の共犯者なのだ、ということを忘れてはならないと思います。

「欧米に学び、追いつけ」——三十年遅れのアートマネージメント

企業メセナ協議会は機関紙「季刊メセナ」を出しているが、ことし（一九九八年）夏号の特集タイトルは「めざせ！　アートマネージャー」。アートマネージメントの仕事と定義、その社会的役割、いま日本で活躍するアートマネージャー諸氏の職場日記の紹介、アートマネージャーになるための資質とは何か、などを内容とした特集号です。耳慣れないアートマネージメントという言葉がアートとその普及に携わる職業として、芸術文化の関心を抱く若者たちの熱い視線を集めています。しかしアートマネージメントの存在意義や実際の仕事内容についてはまだまだ十分理解されているとはいえない状況です。わたしどもの協議会は創設以来、企業メセナ——企業の芸術文化支援（おカ

ネ）だけでなく、広く企業や社会と芸術文化の関係、文化状況の現状分析、および研究・調査など、広義のメセナ思想の啓蒙、普及、情報活動に努めてきました。前回の講義「仏作って魂入れず――ハコモノ主義」で明らかにしたように、続々ハコは出来るのだが、芸術文化は不在といういまの日本の「文化の貧困」を改善するためには、アーチストの育成は勿論ですが、彼らを舞台裏で支える優秀な人材――アートマネージャー――の養成がきわめて大切になってきます。舞台芸術（パーフォーミング・アーツ）でいえば、すぐれたバックステージの存在なくしてすぐれた舞台を実現することは不可能だからです。アートマネージメント特集を組んだのも、かねがねこの問題を重視してきたからです。

さらに八月末には、私が無目的な多目的ホールの実例として批判した東京都の「国際フォーラム」で二日間にわたって開催された、㈱トヨタ主催の連続アートマネージメント講座の「東京会議九八，――アートマネージメントの力」を全面的にバックアップしました。①「参加型アートのゆくえ――「市民参加」と「アート」の違いを明らかにする、②今、もとめられる観客創造とは――オーディエンスとの新しい出会い、③社会の扉を開くには――メセナ・ボランティア・ＮＰＯ、の三つの分科会からなる講座だったのですが、会場を覗いてびっくりしました。どの分科会会場も超満員、二七〇人の聴講者を予定したのですが、実際には四〇〇人もの聴衆が詰めかけ、実に熱心に聴講し、議論に参加する光景を目撃したのです。目的不明のこの巨大文化施設の会議室でひらかれた会議の内でこれまでで一番文化的な会議だったのではないか、と思ったくらいです。若い人を中心にアートマネージメントへの関心が急速に高まっていることを改めて痛感した次第です。

大学でも慶応にはアートマネージメントが学べるアート・センターがあり、昭和音楽大学は四年制の音楽芸術管理学科を発足させました。関東女子短大にも同じようなコースが出来ています。私事で恐縮ですが、私は共立女子大学文芸学部劇研究科で「芸術文化のインフラストラクチャー」、同短大で「文化環境論」を教えています。しだいに、こうした問題が大学教育でも取り上げられるようになりつつある。遅きに失した感があるが、でも芸術文化は人喰い虫なのです、芸術はソフトです。ソフト＝芸術は、作るのも、それを支えるのも、それを鑑賞するのも、すべてヒトである、という当たり前のことがわが国で常識になるにはまだまだ、時間が掛かりそうです。このヒトの中心となるのがアートマネージャーなのですが、日本にはアートマネージャーを養成する専門機関はほとんどありません。私どもの特集号に登場する先生格のマネージャーたちはいずれも、さまざまな経歴を経てオーケストラの、演劇のマネージャーになったのであってほとんどが独学者です。真剣で有能な人も多いのだが、しっかりした理論にもとづいて行動するというより、無手勝流、経験主義で頑張っているひとがほとんどです。ですから、欧米のような正規のアートマネージメント学部が日本に出来たとしても、きっちりした理論にもとづいて教えることのできる人がいないのが現状です。脚光を浴びている割に、アートマネージメントの教育も研究もなかなか発展しない。養成にはどのようなカリキュラムが必要なのかもはっきりしない。先生になれる人がなかなかいない。アートマネージメント学を日本で確立しようと思ったら、まず先生を養成することから始めなければならない（外国の大学で修士、博士の学位を取る人もぼちぼち出始めたのですが、こうした人々がさらに日本の芸術文化の現場で勉強しなおして教えるのが理想でしょう。それが実現するまではお雇い外人時代が必要かも知れない)。アートマネージメントが大切だと気づいたことは大変な進歩だが、さて学問としてアートマネージメントをわが国に確立するということになると問題山積なのです。海外ではどうやっているか。一時、高度成長に酔いしれた日本人のなかには「もはや欧米に学ぶことなし」と豪語した人もいたが、芸術文化の領域、ことにアートマネージメントの問題では、もう一度「西欧に学び、追いつけ」という努力をする必要があるのではないでしょうか。メセナ誌の特集によると、日本におけるアートマネージャーの仕事は、①芸術団体づきの制作者、②各種文化機関の職員、③フリーのアートプロデューサーによって担われているという。その任務は一方では、「アートを社会に売り込む」ことであるとともに、他方においては「アートの社会化」、つまり芸術文化の民主化を図ることをめざすものである。またアーティスト自身の目標は芸術性の追求だが、アートマネージャーはアーティストの目的追求を助けながら経済性も追求していかなければならない。芸術のことも分からなければならないが、経済性・採算性にも十分配慮して行かなければならない。一種の両棲類ですね。先進西欧諸国では、この仕事のためにどのような知識学問が要請されるのか。どういうフォメーションでこの分野の人材が育って行くのかを次に検討したいと思います。

欧米のアートマネージメント教育の現状

アートマネージメント教育が始まったのは、比較的新しく、一九六〇年代後半のことです。そのパイオニアーは例によってアメリカですが、一九五〇年頃までは芸術文化をサポートしてきたのは連邦政府でも地方政府でもなく、億万長者といわれる巨大企業の創立者とその子孫たちでした。アメリカを代表するニューヨークのメトロポリタン美術館とワシントンのナショナル・ギャルリーはそれぞれ金融王のモーガン、メロンのコレクションを母体にして誕生しました。ふたりは巨富を蓄積した後、世界的な美術品の収集に後半生を捧げた人物です。彼らの芸術コンサルタントは大英博物館やベルリン国立美術館の館長、あるいは大富豪を顧客とした画商たちでした。ボストンの製鉄王の娘だったイザベラ・ステュアート・ガードナー、イタリア・ルネサンスの名画を中心とする美術館を作りましたが、彼女の相談相手は世界的に有名なイタリア美術の研究家、バーナード・ベレンソンでした。こうした億万長者のパトロンたちは玄人顔負けの美術知識、鑑識眼の持ち主で、個人的なコンサルタントの協力は仰いでももっぱら自分自身の判断と行動で折り紙付きの美術作品を大量に買いつけて、膨大なコレクションをつくりあげたのです。カーネーギー、ロックフェラー、フリッツなど皆そうです。美術は大金持ちか、エリートのもので、一般市民にはいささか縁遠いものだった。西欧では伝統的に王侯貴族が、近代になっても中央政府がエリート的な芸術政策によって——文化政策ではない——芸術文化の振興を図ってきた。しかし、六〇年代後半ごろからこうした文化状況が大きく変化します。大衆消費社会の発展、高等教育の普及、余暇時間の大幅拡大によって、どの国でもより数多くの市民たちが芸術文化の関心を持つようになった。芸術文化の民主化、大衆化現象が目立つようになったわけです。「芸術の社会化」、一種の文化革命が起こったのです。

六五年にアメリカ政府は芸術と人文科学のための連邦基金、全米芸術基金（NEA）を創設します。六七年にはボウエルとボウモンという優れた二人の経済学者による芸術文化支援の必要を説く

『パーフォーミング・アート、その経済的ジレンマ』という名著が出版された。たくさんのオーケストラや劇場運営のケーススタディを行ない、舞台芸術は政府あるいは民間メセナなくしては存続不可能ということを実証的に証明して見せたのです。コーツの時計生産会社は生産工程を合理化して製品のコストダウンを図り、大量生産で稼ぐことができるが、チエホフの「三人姉妹」を上演する劇団にはこのようなコストダウンは不可能。俳優のギャラは年々上昇する、バックステージで働く人々の給料も。といって三人姉妹を二人姉妹にすることはできないし、裏方さんの数を削減することもできない。「演劇の民主化」の建前からいって、入場料を高くすることも難しい。つまり、コストダウン不可能どころか、外部からのメセナなくしては、劇場の灯火はやがて消えるしかないということを明らかにしたのです。先に述べたように、大富豪パトロンが芸術を支えてきた十九世紀以来のやり方に変わって、億万長者個人ではなく大企業が法人としてメセナに乗り出すようになる。六七年にはデヴィッド・ロックフェラーの提唱によってニューヨークに企業芸術委員会（BUSINESS COMITEE FOR THE ART）が創設された。世界の企業メセナ協議会はみな、このＢＣＡをモデルにして相次いで創設されてきたのです（イギリスのＡＢＳＡ、フランスのADMICAL、日本や韓国のメセナ協議会など）。ロックフェラーは企業も社会の一員であり（企業市民）、パトロンとしてでなく対等な立場で芸術文化の発展に貢献しようと考えたのです。こうした流れのなかで、ＮＥＡのような政府系機関、民間企業とアーチストを結ぶインターメディアリの人材が必要になってきました。政府系機関のオカネは勿論だが、アメリカでは企業のＮＰＯ所属の芸術家、芸術団体への醵金は企業利益の一〇％まで免税措置を受けることができます。公的資金は勿論、企業メセナのおカネも公的な性格を持っている。おカネの出所とアーチストの間にあって、芸術に通じ、しかも十分なマネージメントの知識をもった専門家が介在する必要が生じたのです。これがアートマネージャー教育のきっかけです。六〇年代後半から七〇年、八〇年代前半にかけて、アメリカの大学機関でアートマネージメント教育が急速に普及して行きます。現在、学部レベルで八〇以上、大学院レベルでは二三大学に二四の教育プログラムができています。コロンビア大学修士課程は二年間で六〇単位のカリキュラムを持ち、①芸術を取り巻く現状把握、②社会における芸術の存在意義、③芸術運営に必要な法律知識や経営の実務のノウハウなどを勉強します。マーケッティングや会計学とともに美学や欧州諸都市の歴史といった課目を修得するわけです。インターシップといって、一週間平均二〇時間で最低四カ月間、ニューヨークをはじめ全国の芸術創造団体、文化事業機関、官民のサービス機関、あるいは企業のメセナ担当部署で実習する仕組みもあります。おおよそ三〇年前からこうした教育が始まっていて、そこを出た人が専門のアートマネージャーとして社会の各方面で働いている。例えばニューヨーク市立美術館、ニューヨークフィルハーモニー、ニューヨーク近代美術館などで。「アートマネージメントでは欧米に三〇年遅れ」といったのは、わが国ではようやく、いまアートマネージメント教育の必要が叫ばれるようになったばかりだからです。

ヨーロッパでは伝統的に王侯貴族が芸術文化を占有し、国のメセナが中心でした。この伝統にもとづいて、フランスは国家主導型、英国はアーム・レングス型の間接支援、ドイツ、スイスは連邦型と形式の異なる文化政策を行なってきたのです。フランスにも、企業メセナも存在するが、芸術文化振興の九割は公的資金によってまかなわれてきたのです。フランスの場合は、シャルル八世（一四八三—一四九八）の時代から歴代王室が文化振興につとめ、ダヴィンチを招いて庇護したフランソワ一世は一五三〇年に王立アカデミーを設立、十七世紀にはラシーヌ、コルネーユ、モリエールらの古典演劇作家を宮廷が保護、ヴェルサーユ宮を建設したルイ十四世は文化を国威発揚の道具に使いました。ナポレオン時代にはルーヴル宮が共和国美術館に指定され、ボーザール、国立高等美術学校、同高等音楽院（コンセルヴァトワール）。十八世紀半ば以降、ブルジョワジーが登場して、クラブ、サロン、キャフェの発達で権力の文化独占がようやく弱まるが、第三共和制の時代（一八七一—一九四〇）に、教育省のもとに芸術庁が置かれ、第四共和制下の一九四七年、ジャン・ヴィラールによってアヴィニョン演劇祭がスタート、芸術文化の民主化と地方分散化が国の文化政策の基本方針とされ、地方五カ所に国立演劇センターが設置される。しかし独立した文化省が設置されたのは第五共和制になって一年たった一九五九年。アンドレ・マルロー、ジャック・ラングがそれぞれ約十年間、強力な文化政策を押し進めることになる。大衆消費時代の到来とともに、フランスでも市民の文化需要が急激に増大、国も文化の民主化と地方分散化に力を入れたので、文化要員が不足がちになり、八〇年代に入ると、アメリカ産のアートマネージメントが注目されるようになる。パリ第六大学経営学科に年間五〇時間のアートマネージメント・コースが設置された。美術・コミュニケーション専門学校（ECOLE D'ART ET DE COMMUNICATION）は三カ年の履修課程をもつ高等教育機関で、芸術、経済、財務、商業、コミュニケーションに関連する課目を学ぶ。企業のメセナ専門部署での実習も行なわれる。キュレーター養成の専門機関、ECOLE DE LOUVRE でも一九八五年からアートマネージメント関連課目が設置された。経済、芸術関連法規、コンピューター、美術市場調査、出版などの授業が行なわれている。アートマネージメントの実務教育で定評があるのは、元文化省高級官僚だったクロード・モラール氏のISMC（INSTITUT SUPERIEUR DE MANEGEMENT CULTUREL, 1988）で、修士課程終了者を対象に、芸術学専門家、アーチスト、批評家、ギャラリー経営者、芸術管理学者による集中講義を五カ月間行ない、後の四カ月はさまざまな文化プロジェクトに直接参加して、実習を行なう。

強力な文化政策を大統領の指導のもとにすすめるフランスは、世界一強力な文化官僚を擁する国です。民間にも出て行くが、この国のアートマネージメント教育はこうした官僚の養成機関でもあるわけです。フランス文化省から給料を支給されている人は二万人にのぼるが、わが国の文化庁関係の職員はわずか、八〇〇人足らず。しかも専門教育を受けた人は皆無です。文化国家と非文化国家の格差は明らかといわざるを得ません。ハコの経営だけではない。芸術文化振興を本気でやるつもりなら、人材養成から着手するしかないはずです。文化は人喰い虫でもあるのです。

「メセナへの道」——芸術文化のインフラづくり

われわれが生きる文化環境の幾つかの側面を問題にしてきたが、ここらで話の中仕切りとして、メセナとは何か、わが国の企業メセナ運動とはどういうものか、についてお話したいと思います。

メセナとは何か

　メセナといえば芸術文化支援、企業メセナといえば、企業が芸術文化のおカネを出すこと、というのが一般的理解だと思いますが、まず語源に遡って考えてみようと思います。シーザーの養子でのちのローマの大皇帝、アウグストス（前六三―後一四）の家臣で、カイユス・キリニュース・マエケナス（前六九―後八）という人がいた。エトルリア貴族の出身です。アウグストス自身、芸術家・詩人を保護し、ローマに記念碑的大建築を次々に作らせた人物だったのですが、マエケナスも芸術家肌で、チボリの別荘にヴェルギリウス、ホラチウス、プロペチウスなど当時の大詩人を招いて保護し、詩作の便宜を提供しました。当人も詩人だったのですが、気取りすぎな作風のため詩人としては無名に近かった。だがローマ建国の大叙事詩「アエーネアス」を書いたヴェルギリウスのパトロンだったことから、その名が歴史に残ることになりました。マエケナスからメセーヌというフランス語が生まれ、「芸術文化支援をする人」を意味するようになり、「芸術文化支援」はメセナといわれるようになったのです。フランスの文庫で「クセジュ」というシリーズがあります。その一冊として「メセナ」という本が出ています（ギ・ド・ブルビッソン著）。この本は、メッセーヌ（Mécène 芸術文化支援をする人）という言葉を次のように定義している。①自分の生活や生活手段を芸術文化活動の保護や、その開花に自発的に捧げるひと、②（広義において）今日では、芸術文化領域において一般利益（アンテレ・ジェネラル）のために介入する人物を指すが、その介入は彼の日常生活と結びつくものではなく、それによって強制されるものでもないとされます。いかに強力な文化大臣、例えばジャック・ラングでも、職務上、文化に介入する人はメッセーヌとは言わないわけです。先史考古学の時代、ラスコー洞窟壁画の時代からメセーヌ、メセナはあり、メセナには豊かで長い歴史があります。フィレンツェのメジチ家、ローマ法王、ルイ十四世、シェクスピアの擁護者だったサンプトン伯爵、世界最大の砂糖王でテート・ギャラリーをロンドンに創設したテート家、十九世紀末から二十世紀初頭にかけて石油や鉄道で大儲けし、それぞれアメリカのメジチ家たらんとしたメロン家、カーネギー、グッゲンハイム、ロックフェラーなどの億万長者もメッセーヌとして有名です。これらの人々は「権力やビジネスははかないが芸術は不朽」と信じていました。彼らの芸術文化支援の底には果てしない権力の顕示欲、死の克服を願う強い願望が込められていたようです。いろいろ面白い話があるのですが、メセナの歴史の話は時間の関係でこれぐらいで切り上げますが、欧米のメセナというのは二十世紀の半ばまで、最高の権力者、大富豪の専売特許だった感がありました。いわゆる企業メセナが始まったのは比較的最近、二十世紀の後半になってからなのです。一九六七年にアメリカの大富豪デヴィッド・ロックフェラーがニューヨークにBCAを作った。「BCAが目指していることは、自らにとっても企業にとっても、三番目、四番目、五番目の意義しかないわけではない。BCAは文化に美と創造と偉大さをもたらすことに貢献できる。また国にも偉大を貢献を行なうことができる。企業は芸術とはある意味で縁遠い存在だが、芸術に非常に近い問題の解決に資することができる。」

恐竜のような巨大な富豪のメセナ独占時代が終わり、アメリカで企業メセナが活発に行なわれるようになります。それにはふたつの理由が考えられます。①IBMはじめ多くのアメリカ多国籍企業が世界に展開し、出先国での企業定着を図るために福祉や、芸術文化を通じてその国に貢献しようという空気が強くなった、②巨利を貪る大企業に対する厳しい市民批判をかわし、ベトナム戦争が引き起こした反体制、反資本主義運動を封じ込めるためにも、メセナを含む企業の社会貢献が強調されるようになったこと。一九七六年にはロンドンにＡＢＳＡ（ASSOCIATION FOR BUSINES SPONSORSHIP OF THE ARTS）が発足、さらにその三年後の七九年にはフランスにもADMICAL（ASSOCIATION POUR LE DEVELOPPEMENT DU MECENAT INDUSTRIEL ET COMMERECIAL）が誕生します。英仏、ことにフランスは国が税金で芸術文化振興に力を入れるのが伝統だったが、①アメリカ多国籍企業の企業哲学が欧州に導入された、②（ことに英国では）財政難から、文化における国家の役割が減少を余儀なくされ、政府が民間の文化への資金提供を奨励した、③ヨーロッパの企業が、メセナ（スポンサーシップ）が商業上役立つ利益、企業イメージの向上、消費者が芸術支援を歓迎する傾向が強くなったことに気づく、などから企業メセナは欧州全域に広がり、九一年には欧州各国の企業メセナの連絡機関ＣＥＲＥＣ（COMITE EUROPEEN POUR LE RAPPROCHEMENT DE L'ECONOMIE ET DE LA CULTUTRE）が結成されました。日本の企業メセナ協議会は日仏文化交流の結果として、ＡＤＭＩＣＡＬをお手本にして九〇年に創設され、その三年後には韓国にKO-REAN BUSINESS COUNCIL FOR THE ARTSが誕生した。企業メセナ運動は比較的短期間の間に、欧米からアジアへ、と急速に世界的な展開をとげたのです。日本がお手本にしたフランスのＡＤＭＩＣＡＬの創設以来の指導者であるジャック・リゴー氏は現代の企業メセナの必要性とその意義についてこう語っています。

「資本主義を動かす競争の精神、あるいはそれが刺激する消費のニーズは、社会にあるすべてのものを、力関係、あるいは利害の荒っぽい対立に帰してしまう恐れがある。つまり、市場の法則のみにさらされた場合、文化は一つの商品の地位に落ちてしまう。クリエーターや芸術家、詩人たちはその住むところを失ってしまう。おカネが王様であり、全てが計算ずくであり、そして物質的な利益がすべてに優先する社会では、彼らは住むべき場所を失ってしまう。しかし、芸術・文化を尊重しない、それも過去の遺産だけでなく、作られつつある生きた芸術を尊重しない社会の将来はどうなるのか。政治や経済面で権力をもつ人々の義務は、まず私たちの持つ資金と善意の一部を文化に振り向けることである。しかも、そうすることが企業の利益になる。メセナは企業コミュニケーション戦略の一要素であり、メセナは企業イメージを豊かにし、より魅力あるものにし、かつ企業の知名度を高める。また企業がメセナに取り組めば、その活動によって企業が自分自身の社会的役割を考え直すきっかけになり、文化部門のパートナーたちと新しい建設的な関係を構築できるようになる。」

日本の企業メセナ活動

協議会が発足したのは一九九〇年二月、その二年前の八八年十一月に国立京都国際会議場で開かれた第三回目の日仏文化サミット、「文化と企業」がきっかけになって（フランス側代表のひとりとして出席したリゴー氏らの発言に刺激を受けて）、この会議に参加した堤、福原、佐治、塚本、稲盛氏などわが国の文化的経営者が発起人となって創設された組織です。バブル崩壊が起こる直前の時期でした。

芸術文化によりたくさんおカネを出すよう企業に働きかけて行く――たしかにこれは企業メセナ協議会の重要な仕事です。戦前からわが国の新聞社やデパートは文化事業をてがけてきたが、自社の宣伝広告のために芸術文化を利用するケースが多かった。バブル時代は一般大企業が競って冠広告型の派手な文化事業に乗り出した。そういう宣伝広告型とは一線を画した芸術文化支援――アートの社会的必要・役割を認め、企業がみずからのパートナーとしてアーチスト、芸術団体を支援して行くやり方――をわが国でも広げて行こう、というのが協議会設立の第一目標だったし、基本的にはそれは今も変わりません。しかし、前回、前々回の話でお分かりのように、「ヒト」の養成こそ、ソフト＝芸術の鍵を握る重要性・緊急性を持つ課題です。アートマネージャー、プロデューサー、バックステージで働く人々を欠いた巨大文化施設（それ事態が多目的な無目的施設）は航行不能に陥った戦艦大和同様、何の役にも立たない、舞台芸術で言えば、優れたプロの技術を身につけた俳優不在では、額縁舞台がどんなに豪華でも何の役にも立たない。プロのアーチストの育成システムを作ることも緊急を要する問題です。すぐれた目、すぐれた耳をもつ観客、聴衆も一日では生まれない。アーチストと観客、聴衆はいわば相関関係にある。すぐれた聴衆、観客なしに本物のプロのアーチストは育たない。おカネの問題にしても、企業メセナの充実・拡大といっても先進国ならどこでもある芸術文化優遇税制が確立されていない現状では、飛躍的増大はとても望めない。税制の改善を求めてゆくことも、協議会の大切な仕事です。つまり、わが国では「芸術文化のためのインフラ」が出来ていない、あったとしてもきわめて脆弱で、とても大輪の芸術の花を咲かせうる土壌になっていない。そうした現実を直視して、時間がかかってもインフラづくりの問題と正面から取り組んで行こうと言うのが、（社）企業メセナ協議会の基本的姿勢なのです。以上のようなメセナの理念を企業や国はもちろん、世論や市民に広く訴えていく。メセナは現にここにあるのではなく、大切な努力と時間をかけて実現しなければならない目標なのです。今日の話のタイトル「メセナへの道」としたのも、そうした考えにもとづいているわけです。

したがって、協議会は創設当時から、①啓発・普及——企業による芸術文化支援の意義を広報し、メセナ活動が活発に展開するよう、多くの事業を行なう、②情報集配・仲介——企業メセナの情報センターとして、国内外のアーティスト・文化団体の情報を全国の企業に配信、また芸術団体のファンドレイジングのコンサルティングや情報の仲介を行なう、③調査・研究——国内外の企業メセナ活動に実態調査し、将来予測のためのさまざまな活動を行なう（メセナ白書）、④顕彰——毎年、メセナ大賞の授賞を行ない社会的・文化的に高い貢献をした企業を顕彰する、⑤国際交流——海外の企業メセナ協議会や芸術関係者との交流や情報交換、国際会議への参加、⑥助成——企業と協力して、芸術活動への助成を行なう。協議会が「メセナ認定」した活動に対して企業が支援する場合、特定公益法人である協議会を経由して送金すれば、免税措置の適用を受けることができる。以上のような多角的な活動を行なっているが、具体的には年四回の機関誌「メセナ」の発行、年一回の「メセナ白書」の刊行、同じく年一回のメセナ大賞の授賞、芸術各ジャンルの研究セミナーやアートマネージメント講座の随時開催などを続けてきた。ことに国際交流では九五年に東京で世界初の国際メセナ会議'95を開催、世界の二七か国から約一〇〇人のメセナ代表・文化関係者が来日、国内から一三〇〇人をこえる聴衆が集まった。この会議の出会いからアジア・メセナネットワーク構想が生まれ、韓国メセナ協議会が中心になって、ネットワーク憲章の策定に入ったが、残念ながら深刻なアジア経済危機の発生で目下、一時中断せざるを得ない状態になっている。

創設以来の活動としてあげた六項目のうち⑥の助成について説明すると、「メセナ認定」制度が発足した平成六年以来、企業の助成額は一億九四二五万円――三億一一〇二万円――五億五五九〇万円――八億六五五五万円と毎年、着実に伸びている。不況がしだいに深刻になっていくにもかかわらず、です。文化庁の芸術文化振興基金も低金利のあおりで年間二〇億円を割っているようです。協議会の「助成」認定は総額六〇〇億を積み立てたこの基金の助成金のほぼ半分に達する勢いです。倒産、リストラ、失業急増、円と株価の低落、戦後最悪といわれる大不況の中で、協議会の助成事業は順調に伸びている。協議会自体の運営もしだいに苦しくなっているが、この助成事業の発展は非常に心強い。メセナの火を消してはいけない。二十一世紀に企業メセナ活動を必ずブリッジしなければならない。何しろ企業をバックにした特殊公益法人ですから、不況が長引けば、赤字企業がさらに増え、加盟社数の漸減が続くことになる。しかし何とかして、企業メセナ運動を二十一世紀にバトンタッチしていかなければならない。「芸術文化のインフラづくり」こそ、日本の本当の再生に不可欠だと信じるからです。創立十周年、二〇〇〇年を乗り切れば次のステップを踏みだすことができるのではないか、そう考えていま、協議会は総力をあげて不況乗り切りの方途を懸命に模索しているところなのです。

神技も至芸も死語になった――「プロ不在」の芸術環境

大分昔の記事だが、パリのサンマルタン劇場で観たブレヒト原作『セチュアンの善人』について筆者が書いた観劇記を引用させていただく。イタリアの天才的演出家ジョルジョ・ストレーレルが演出したイタリア古典劇劇団ピッコロ・テアトロ座の脂ののったパリ公演の記録です。『セチュアンの善人』はブレヒトの代表作であり、イデオロギー性の強い政治寓意劇だと思い込んでいたのだが、開幕早々から軽快なリズムと笑いで少しも説教臭を感じさせない。驚いたのは、原作の舞台設定は中国の街だったはずなのに、ストレーレルは、ナポリを連想させるイタリアの猥雑な地方都市に、勝手に舞台を置き換えていることだった。

善人の娼婦シェンテと、その従兄弟で非常な現実主義者シュイタ――ジギルとハイドの一人二役を見事にこなす主演女優のアンドレア・ヨナットンを始め役者たちはいずれも、人間味がありすぎて陽気で騒々しいナポリの庶民気質丸出しの大熱演。狂言回しの三人の神様も中国の聖人、仙人というより、カトリック高官といういでたちでヨーロッパの観客がどっとわくように工夫されている。役者は端役に至るまでものすごい芸達者ぞろい、アクロバット的な演技もなんなくこなす。善良で可憐な心映えの女を演じたかと思うと、グロテスクで非情な資本家に早変わりする主役のアンドレア女史の演技も、誇張とすれすれのところまでいきながら、観客の心を掴んで放さない。観客は完全にドラマの流れに引き込まれ、四時間の大作なのにダレを感ずるどころか夢中で見てしまう。見おわって『こんな面白い芝居がもう終わってしまうのか』と未練が残るほどである。……芝居全体は最後まで渾然たる纏まりを見せ、観客は命を吹き込まれたドラマに参加し、精神と肉体を揺さぶられ、『こくのある芝居を堪能した』という充実感とともに、何か生への希望のようなものを吹き込まれるのである。」

長々と拙文を引用したのは、芝居の醍醐味を満喫した経験をお伝えしたかったからです。アリアナ・ムニュイシュキンの太陽劇団の舞台や、前にお話したピーター・ブルック演出の芝居でも同じように芝居の醍醐味を満喫できたことは大変幸せだったと思います。こうした芝居を見るたびにいつも痛感したのは、優れた芝居を公演する俳優たちが主役から末端の端役まで、徹底的に鍛え抜かれたプロであることでした。

芸術というのは、完璧なプロによって初めて実現されるものだ、とつくづく実感したわけです。フランス人はあまり「生き甲斐」を云々したりしない。彼らがよく口にするのは「生きる喜び」という言葉です。すばらしい観劇、プロのキュレーターが企画した完璧なセザンヌやモネ、ピカソの大回顧展に陶然と我を忘れるときなど、「生きる喜び」を心から実感するわけです。ヨーロッパ滞在から戻ったばかりの頃、ここが祖国なのにホームシックに陥ったことがある。便利である意味ではパリより快適な暮らしが可能な東京なのだが、何かものたりない。散歩する場所がほとんどない。生き生きとした自己表現に滅多に出会うことはなく、セカセカして落ちつかない。自分たちが選んだ政治家を徹底的に馬鹿にする自由や、ポルノまがいの大衆週刊誌の氾濫など、日本の社会には有り余る自由があるように見えるが、パリやローマのように本物の自由が息づいているわけではない。

それ以上に酸素欠乏症のように息苦しさを感じたのは、日本に帰ってくると、すぐれた芸術文化を堪能し、その感激を時間を忘れて語り合う、そうした「生きる喜び」に巡り合うことが滅多にないからです。

帰国後もメセナの仕事をしているのでよく招待状を頂いて芝居やオペラを見ますが、芝居の醍醐味を感じたことはあまりない。誰でも知っている名優きどりの日本の男優がシェクスピアのリチャード三世をやったのを見たことがあります。台詞がまったく入っていない。こんな有様で舞台に立てば、ヨーロッパだったらブーイングでやじり倒されるに決まっています。とてもプロとはいえない。下手をすれば一夜で、演劇界から追放されてしまうかも知れません。歌手あがりの若者のアイドルが主役を演じた時代劇ではこんなことさえありました。ＣＭやタレント業で忙しくて稽古もろくすっぽしなかったのか、彼は舞台の奥行きを体で覚えていない。追っ手におわれる場面なのですが、何度も後ろをきょろきょろふり返ってバックしたのです。興ざめも甚だしく呆れてしまいました。入場料をとって客に見せる以上、役者＝アーチストはプロでなければならないはずです。ところが日本ではプロとアマの区別が曖昧で、「プロ不在」の芸術環境が平然と罷り通る。プロというのはスペシャリストで、毎日毎日、自分を鍛え、ハードトレーニングを続ける。ＣＭやタレント稼業で稼ぎ回って、その合間に演劇をやるのではプロの俳優とはいえない。松井でもイチローでも一年中野球をやっている。練習に次ぐ練習、だからプロなのです。ところが日本の俳優のほとんどはプロとはいえない。アマとプロの中間ぐらいの人が名優気取りで大手を振って徘徊しているのです。そういう人たちの芝居を見て大感激したり、芝居の醍醐味を味わって陶然とすることはとても不可能です。いまの日本の舞台芸術の実情は実にお寒い限りだが、それを真っ向から批判する批評家もいない。プロの演技は完成に近づけば、「神技、至芸」といわれた。芝居の醍醐味とともに、いまでは神技や至芸という言葉も完全に死語になってしまったかのようです。

芸術家とは何か。ロダンはこう言っています。「芸術家は偉大な模範である。なぜなら彼はその職業を熱愛する。彼の最高の報酬は、仕事の見事な完成の喜びである。世界は、すべての人が芸術家の魂を持つに至るとき、万人がおのれの仕事に喜びを見いだすとき、初めて、真の幸福を得るであろう。」

芸術家はプロ中のプロでなければならないわけです。しかもそのプロが最高度の熱中と集中力を持って仕事を達成するとき、はじめて彼は芸術家の域に到達するのである。中途半端なプロとアマの境界をうろうろする連中は、プロでもなければ芸術家でもありません。そういう連中は、凡人が神業、至芸と仰ぎ見るような芸を持ち合わせていないからです。見る人の心身を揺さぶるような演技ができるはずがない。プロ不在ということは、芸術家不在に他なりません。彼らが作りだすものはせいぜい疑似芸術であって芸術ではない。観客を深い陶酔に陥れる迫力を持ち合わせていません。芝居の醍醐味を満喫して、ああ生きていてこの芝居を見られてよかったとつくづく感じるような「生きる喜び」をいまの日本の舞台から感じることは滅多にないのです。日本は、マスメディア、テレビが芸術の領域を侵し、それを完全に支配している、希有な国だといっても過言ではないようです。「プロ不在の芸術環境」というのは「ふさわしい芸術環境が存在しない」ということです。私には高校生、大学生のころ、よく芝居を観た経験があります。田村秋子、東山千栄子、杉村春子、千田是也、芥川比呂志、宇野重吉、三津田健、中村伸郎など、そのころの俳優にはプロが大勢いました。舞台一筋に厳しい訓練を自らに課した俳優たちです。彼らの舞台をみて「生きる喜び」を感じたことを記憶は今でも鮮やかに残っています。決して昔を懐しがってそういうのではない。いまの舞台で「生きる喜び」を覚えることはほとんどない。日本の舞台にプロがほとんどいなくなってしまったからです。話を舞台芸術に限って進めてきたが、造形芸術でもモダンダンスでも同じことが言えると思います。

いま、世界でもっとも活発な演劇活動を展開しているのは英国、ロンドンの劇場だといわれています。そこには、プロをさらに俳優＝芸術家を生み出すしっかりしたシステムがあります。英国全土に一八の演劇学校があり、未来の俳優の卵たちはみっちり三年間、発声、演技の訓練を受けます。例えばスタニフラスキー・システムに基づいてリアリズムの演技を徹底的に身につける。それを基礎にして古典劇から現代劇、さまざまな領域でプロとして活動できる人材をそだてているのです。演劇学校の卒業生がエクイティ・カードを得れば、演劇のプロとして認められる仕組みになっています。さらにすでに俳優になった人々を再訓練する機関（演技のフィットネス・クラブ）もある。だから、日本のようにプロとアマの境界が曖昧ということはあり得ない。観客も、プロの芝居を見に行くときは、アマの芝居とは違う期待と緊張を抱いて劇場をおとずれるのです。少数精鋭で鍛えられた演劇学校の卒業生は、どこへ行ってもプロとして認められます。普遍性のある演劇教育をしているからです。一方で、観客を育てる「観客教育」も子供から大人まで幅広く行なわれています。鑑賞能力を高めなければ、よい観客は育たない。よい観客がいなければ、プロ＝芸術家の俳優が育ち、大成するわけがないからです。二年前にＮＨＫの特別番組として放送された河竹登志夫先生のロンドン演劇事情ルポは、プロ、アマの問題を徹底的に掘り下げた好番組でした。河竹先生がこの番組で「二十一世紀に日本演劇は生き延びるか」と切実に問い掛けているのがとても印象的でした。

日本に芸術環境は存在するのか、あるいはかつて存在していたが、いま崩壊しつつあるのか。二十一世紀にそれなりの芸術環境を蘇らすにはどうすればいいのか。これからも自問自答を続けて行かなければならない、と考えている次第です。

「総花的で理念に欠け、国際性も乏しい」
——文化芸術振興基本法ならびに同法関連の答申案批判

一九八〇年代の日仏文化サミット（朝日新聞社・フランス文化省共催）の運営、九〇年に企業メセナ協議会の創設に参加、およびそれ以降のメセナ活動に携わってきた経験から、本来なら昨年末の基本法成立を慶賀して当然なのだが、理念を欠き、総花的で具体性に乏しい同法の条文を一読して大いに落胆し、長嘆息せざるを得なかった。さらに答申案を一読して、明確なコメント、施策への具体的提案・示唆も見当たらず、条文をなぞるだけに終わった内容にいよいよ索然としてしまった。日ごろ、芸術文化を軽視するわが国のマスメディアを批判してきたのだが、今回ばかりは、同法成立をほとんど報道せず、内容コメントもしなかったメディアの姿勢を「これでは成る程」と納得せざるを得なかった。答申案には美辞麗句が並んでいるが、この法律によって日本の文化状況がこんごど、どう改善されていくのかさっぱりイメージが湧いてこない。この法律、および答申案を外国語に翻訳して、知人の海外の文化関係者に読ませたら彼らは何というだろうか。ノーコメント、ナンセンスと呟くか、黙って苦笑するだけではないだろうか。グローバリゼーション、グローカリゼーションが叫ばれ、文化の国際ネットワークが広がる時代に、国際理解を全く考えない文化立法にどのような意義があるのか、と懐疑せざるを得なかった。

文化とは何か。芸術とは何か、という明快な定義がない。なぜ芸術や文化を公的資金で支援しなければならないのか、タクス・ペイアーである国民に対して、公的文化支援の必要を説くアカウンタビリティのある説明が見当たらない。わが国の場合、このような定義や説明はぜひ必要だ。先進諸国には歴史と伝統にもとづく文化や芸術に対するコンセンサスが存在し、公的支援の必要はほぼ自明のこととされているが、わが国では何を文化と呼び、何を芸術と見なすかについて、いまだにはっきりしたコンセンサスが形成されていないからだ。文化や芸術に対する認識自体が曖昧で混沌としている。基本法が公的支援の対象として、芸術文化、生活文化、娯楽文化、さらに身体文化を公的支援の総花的、並列的にならべていること自体が、そうした混乱を反映している。いずれの国でも、公的支援の主たる対象は芸術文化、および現代の芸術創造であり、社会的、教育的な分野への支援の拡大が認められることがあっても、広汎な生活文化、さらに娯楽文化まで無差別に公的支援の対象にする例は、国際的に皆無だと言っても過言ではあるまい。

たしかに海外でも、文化の定義はむずかしいようだ。しかし一般的には、人間に関するすべてが文化だとする文化人類学的な文化、文明としての文化、すなわち技術進歩による生活改善と不即不離な生活文化、および序列的な価値基準を持つ文化、すなわち芸術文化の三つの文化形態が識別されている。どの国の文化政策も、この第三番目の芸術文化を支援対策の中心においており、娯楽文化、身体文化を優先順位もつけずに文化政策に取り込む例は、寡聞にして聞いたことがない。わが国では文化と言えば幅広い生活文化を意味することが圧倒的に多く、芸術文化支持派は肩身の狭い少数派なのである。欧米諸国だけではなく、韓国や台湾でも、文化振興の対象の中心は芸術文化であって、娯楽文化を公的支援の対象としていない。国際的に見て、基本法の支援対象の範囲は異例であり、きわめて「特殊日本的現象」だと言わざるを得ない。

不況にもかかわらず、文化庁の予算は過去十年間で倍増した。しかし依然として、同庁予算はフランス文化省予算の三分の一にすぎない。人口比を考えると、フランスの六分の一である。デフレ危機で少なくともこんご数年は、予算の急激な増額は望めない状況だ。この貧弱な文化予算で、芸術文化、生活文化、娯楽文化、さらに身体文化までカヴァーすると主張されても、とても信じられない。「どうやって」「どのような財源で」という説明が全くないのだからなおさらである。支援対象を芸術文化に絞ったとしても、現在の文化予算はきわめて不十分と言わざるを得ないからだ。出来ないことを可能であるかのように美辞麗句を並べて列挙するのは、きびしく言えば国民を瞞着することにならないだろうか。

近年ようやく、「経済大国になったが、文化は小国、あるいは貧困」という認識がひろまるようになった。だが芸術文化、生活文化、娯楽文化のどれが貧困なのか。日本は、かつての世論調査で国民の九割が自らが中流階級に属すると信じていることが明らかになって話題を呼んだ国である。日常生活の便利さ、清潔さでは、欧米を凌ぐ生活文化大国なのだ。数百万人の人が和歌や俳句をたしなみ、家庭のピアノ保有率は世界一、カラオケの普及で国をあげて歌唱を実践し、休日ごとに公演に繰り出す日曜画家の数もおそらく世界一という、屈指の豊かなアマチュア文化大国である。テレビのスイッチ・オンをすれば、賑々しい娯楽文化が氾濫するエンターテイメント大国であることも容易に確認されよう。ではどの文化が貧困なのか。

答えは誰の目にも歴然としているのではないだろうか。「基本的な方針についての答申案」も「大地からの手紙」という一文を載せ、いまの日本の精神的衰弱状態を次のように描写している。「日本は疲れています。日本は自信をなくしています／日本人は彷徨っています。……若者たちも大人たちも、日本人すべてが、人生の土台となる『熱い何か』を探して、時代と闘っているのかもしれません……云々」。さらに「その昔、小さなパン一個で、満たされ癒されたことはありませんか？／飽食の昨今、ご馳走を食べながら、心の空腹を感じたことはありませんか？」と問いかけているのである。老いも若きも、「心の空白」を覚え、「熱い何か」の到来を渇望しているという指摘だ。では、何が「熱い何か」をもたらすことができるのか。「芸術、英知、信仰が、優劣がはっきりした価値の源泉を作り出す」（シモーヌ・ヴェーユ）という言葉が想起される。夭折した天才的哲学者だった彼女によれば、芸術こそ、精神的価値とすぐれたものの序列、つまり人間存在に不可欠な価値観を生み出す豊かな源泉なのだ。価値の喪失が現代の「心の空白」を引き起こしているのなら、新しい価値を再び創出するためには、涸れ果てたその源泉を甦らせるしかないことになる。世相の悪化が進行し、残忍な少年暴力が耳目を驚かせ、中高年自殺が急増している背景に、心のすさみや精神の荒廃を読みとるひとが増えていることも、このことを裏書きしている。

わが国の文化政策の当面の急務は、したがって芸術文化の振興に焦点をあわせることだ、と考える。「熱い何か」が社会に甦って、人々にエネルギー心の安らぎを与えるようにならなければ、日本の再生はあり得ないと確信するからである。先に述べたように、わが国の生活文化は戦後、海外に遜色のない充実ぶりを示した。マンガ、アニメなどの若者文化は欧米でも大変な人気だ。にもかかわらず「文化の貧困」が叫ばれているのはなぜか。頂点の芸術文化、ことにその現代の創造がきわめて貧しいことが問われているのである。その結果、答申案冒頭の詩文、「大地からの手紙」が示唆するように、日本人が老いも若きも心の張りを失って彷徨い、価値喪失が社会全体に拡がってしまったのだ。日本の、日本人の再活性化にいま一番必要なのは、新しい価値を生み出す芸術文化を甦らすことではないだろうか。ところが基本法も、同法に関する答申案も、きわめて総花的、羅列的に芸術文化、生活文化、娯楽文化を列記するだけで、肝心の芸術文化振興の具体的方途に触れていない。つまり、文化政策の根本理念、施策の優先順位を曖昧にしたままで、国民との対話、質疑応答に十分時間をかけることなく、なぜ基本法制定を急いだのか、筆者はいまでも了解に苦しんでいる。以上のような意味で、同法、および答申案にラディカルな反対、批判を表明せざるを得なかった筆者の真情をご賢察いただければと念願する次第である。以上の問題提起は、決して偏狭な芸術至上主義の立場からのものではなく、長年のメセナ活動、芸術文化支援の経験にもとづいて「文化の貧困」の真摯な現状分析を試みてきた一市民の立場からなされたものである。

ここ数年、筆者はプログラム・ディレクターとしてEU・ジャパンフェスト日本委員会（事務局長・古木修治氏）の仕事に携わり、地方都市を中心としたヨーロッパの地方文化振興の実例に触れる機会に恵まれた。ヨーロッパでは、グローバリゼーションの波及と地方分権のせめぎ合いの中から、芸術文化のグローカリゼーションともいうべき地域の新しい国際交流が急速に進展している。どの国でも、地方都市が中央政府を飛び越えて遠く離れた世界の他の地域の都市との直接交流に乗り出し、大きな成果を挙げているのである。

デンマークの首都、コペンハーゲンの中心街を青森のねぶたが練り歩き、広場に集まった市民たちがシーンと静まり返って僧侶たちの厳かな声明に耳を傾ける（一九九六年）。ギリシャの港湾都市、テッサロニキの海岸通で韓国の太鼓の名手、キム・ドクスの熱演が繰り広げられ、やがて和太鼓の響きがとどろく（九七年）。ポルトガル第二の都市、ポルトの大劇場では、海外初公演の沖縄の組踊りが熱演、劇場を埋め尽くした四千の大観衆の拍手喝采を浴びた（二〇〇一年）。運河をめぐらせたベルギーの美しい古都、ブリュージュでは、観光名所の市庁舎広場に日本の建築家、伊藤豊雄氏設計のアルミの瀟洒なパヴィリオンが建ち、歴史と現代造形の鮮やかなコントラストを作りだした（二〇〇二年）。

EUは「欧州文化首都」という独自の地方振興政策に基づいて、毎年、EU域内の一、二の地方都市をこの文化首都に指定する。指定を受けた都市が、一年を通じて様々な芸術文化フェスティヴァルを開催して街おこしや観光に役立てるという制度だ。紹介した幾つかのケースは、いずれもEU・ジャパンフェスト日本委員会が、日本の財界メセナ、地方自治体の協力を得て、欧州文化首都に選ばれたEU域内の都市に送り出した催しやアート展示の実例である。この交流の特色は、何を送り出すかは、こちらが押しつけるのではなく、各地の欧州文化首都の文化委員会の要望を優先する形で決定されることで、非コマーシャル・ベースが交流の原則。日本委員会の基本方針も、①従来型の新旧・日本文化紹介ではなく、ヨーロッパの地域社会に日本の若手アーチストの活動の場を作り出す、②日欧のアートの現場で働く人々のネットワークを組織する、③日欧間の地域主体のダイレクトな文化交流を根付かせるなど、人と人の対話、相互の往来の活発化を主要な目標に掲げている。古木事務局長に同行していくつかの欧州文化首都を歴訪して、プログラムの内容をめぐる古木氏と現地の文化担当者の白熱した討議、綿密な質疑応答を目撃して深い感銘を受けた。芸術文化交流の決め手は、けっきょく人と人の出会いであり、友情と信頼関係ができるか否かが交流の成否を握っている、とあらためて痛感した次第である。

最近、ヨーロッパの地域や地方都市の文化活動が活発になり、それぞれの自治体が独自の文化行政を繰り広げて注目を浴びているが、その成功の秘密は、各自治体が競って文化担当の専門スタッフを集め、直営方式で自主文化事業を運営し、市民の高い文化需要に応えていることにあるようだ。日本の文化、東京の文化を一方的に海外に発信するという従来の発想は、すでに時代錯誤なのかも知れない。二十一世紀の海外の地域や地方都市との直接交流は、相手側のニーズに細かく対応しながら進めていくことになろう。日本の地方自治体側も文化担当の専門スタッフの人材養成をいそがなければなるまい。グローカリゼーション時代の世界の地域間、地方都市同士の直接交流に対応する新しいタイプの国際交流構想の確立を急ぐよう、関係省庁に切に要望したい。

「文化」は大国日本のアキレス腱

長年外国で暮らして帰国して途方に暮れるのは、なにか索漠とした、空虚な感じです。ものは街に溢れ、生活もずっと便利です。理屈っぽいフランス人相手に苦手な議論をしないでも、「まあまあ」とか「よろしく」とあいまいもことした表現で毎日が済んで行くのは、たしかにホッとする。だが、何か大切なものが消えてしまったような気がしてならない、というのも実感です。ささやかな自分の体験をもとに、この〝違い〟がどこから来るか、考えてみました。

(1) フランス人に、パリでは時間がゆっくり流れてゆく、時の流れが目に見えるような気がするといったら、「この慌ただしいパリで」とけげんな顔をされました。だが実感です。公園で半日、本を読んでいる人は日本じゅう捜してもいないのではないか。

(2) 「生きる喜び」がない。セカセカしていては五感を寛がせて何かを心から楽しむわけにゆかない。

(3) 「文化の不在」。映画、芝居、音楽会、展覧会あるいは仕事と関係のない本をじっくり読む機会、もっと簡単な四つ角を曲がる楽しみ、散歩の楽しみ——こうしたものがない。向こうではどんな人でも毎日、文化を享受して生きている。文化はよそゆきのものでも、お勉強の対象でもなく、日常生活にしみこんでいる、分かちがたいものとして毎日付き合っているものだったのに、帰ってくると文化は非日常的で、会社人間には一生関係のないぜいたく品のようなものである。この⑴⑵⑶プラス空気と一緒に吸い込んでいた⑷自由が存在しないことが、深刻な物足りない感じとして、帰国者のパリぼけ、ローマぼけ症状を悪化させるようです。経済大国になったが、この感じはうすらぐどころか一層酷くなっている。

前文相や現首相は「なにも不足のない大国日本」を強調し、アメリカさえ駄目な国（いわゆる「知的水準発言」）とぶって世界中から四面楚歌のブーブーを浴びましたが、その底には「文化の不在」の問題がありはしないか。いま、日本は長らくなおざりにしてきた「文化」の復讐を受けているのではないか、という思いにさえ駆られます。あらゆる統計が先進国にまさるとも劣らぬものとなったが、「文化」をめぐる数字はでない。効率を捨て数量化できない「文化」はことに明治以降、二次的・三次的なものとされ、戦後は経済一辺倒の道をばく進してきました。

広がる文化格差

日欧の経済格差はひろがる一方だが、「文化」では追いつくどころか、いよいよ日本は欧州に水を明けられるばかり、それを体験的にお話するのが今日の私のテーマです。

残念ながら、あまりマスコミの評判にもならずに終わりましたが、昨年（一九八五年）の森亘東大総長の入学式挨拶は「文化」の問題を真正面から扱っていて示唆に富むものでした。日本は世界の一流国になったと頻りに喧伝されるが、実はわれわれは「文化」のただのり族だ、とズバリいいきった発言です。「日本の教養が、いま問われている」という森総長の挨拶の要旨は次のようなものでした。

「今、最近の日本は一流国になった、富める国になった、と言われます。ことに経済面にかんしては種々の統計数字の示すところでもあり、すくなくとも一方の事実であると考えます。諸外国からはときに、最も豊かな国の一つとさえ賞賛されます。ところがそれにもかかわらず、わが国が世界の文化発展に参加、貢献している度合いは意外にすくないのが実情であります。今日まで専ら先進国に追いつけ、追い越せの姿勢で終始し、万事そのような考え方で物事を進めてきた日本人は、文化の面で人の世話になることに馴れ、かつその有り難みに思いをいたしません。また、先頭にたってそれをきづく貴さ、難しさを知らず、かつその努力を怠っているように思われます。その結果、極端な言い方をすれば、要領良く生きることのみを良しとして、文化におけるただのりを何の恥とも思わないきらいがあります。

科学技術に携わっている人間の多くは、一方では近代日本の技術の優秀性を認めながらも、また一方ではそれらの技術の基礎となった、いわゆる『直接には何の役にも立たない研究』の如何に大きな部分を外国に依存しているかを知っています。文化系の諸学に係わっている人々も、日本が世界の文化に貢献している役割が、相対的にははなはだ少ないことを十分に認識しております。

……少なくとも外から世界の一流国になったとみなされる日本が、世界の中で種々の面において果たすべき役割は、決して東洋の一小国としての郷土文物を披露するのみでなく、世界の近代化に一翼を担うに足る努力をすることにあるのです。しかし、どう考えても、目下の国力に相応するだけの十分な役割をこの方面で日本が果たしているとは思われません。かくして日本人は文化のただのり族とされ、多くの外国人からうとまれつつあるのが現状でありましょう。……文化国家を標榜し、経済的にも若干の余裕を持ちながら、なおかつ世界文化にただのりしているのが日本の現状であるとすれば、それは大いに恥ずべきことであると、私は考えます。」

長い引用で恐縮ですが、この演説は国民の九割が満足という現状に、「文化」の角度から鋭くきりこんだ批判として注目さるべきでした。また森総長は文化系のひとではなく、医学者であることも興味をひきました。

以下、私の体験から、主としてフランスとの関係でこの「文化のただのり説」を敷衍《ふえん》して行きたいと思います。

まず「文化」をめぐる日仏両国政府のパラレルを試みたいとおもいます。フランスは伝統的に文化振興を国是としてきた国です。ドゴール時代のマルロー文化相の地位は副首相格で、煤けたパリを洗って蘇らせたのもマルローですし、全国に「文化の家」(maison de culture) を作ったのも彼の功績です。世界中をあっと言わせたミロのヴィナスの訪日も彼の決定によるものでした。

しかし彼以後、保守政権の文化政策は沈滞します。それを破ったのが一九八一年五月のミッテラン左翼政権の登場です。大統領は秘蔵っ子のジャック・ラングを文化相に据え、文化省予算を倍増しました。国家予算の〇・四八%の三〇億フランから〇・七五%、四五億フランに引き上げたのです。ミッテランは「文化は社会主義の重要戦略」と主張し、ラングは「文化は明日の産業」と言うユニークな文化観を掲げて、金食い虫の文化が、二十一世紀の産業振興をもたらす金の卵だと説いて回りました。不況と失業増大で八五年度の文化予算は伸び悩みましたが、それでも国家予算の〇・八六％、八五億六六〇〇万フラン、約二二〇〇億円になりました（一九八六年度の仏文化予算は二八八〇億円、〇・九六％）。

日本の国家予算規模は五四兆円、フランス並に〇・八六％相当を文化に使えるとすると年間五〇〇〇億円近くになります。わが文化庁の今年度予算はどの程度と思われますか。予算も人口もフランスの二倍以上ある日本の文化庁予算は四〇〇億円にも達しません。

国際文化交流では国際交流基金がありますがその年間予算は僅か七〇数億、英国のブリティシュ・カウンシルの七分の一、西独のゲーテ・インスチチュートの三分の一に過ぎません。

文化庁はさきごろ、「芸術活動振興のための新たな方途」という審議会報告を発表したが、そのなかでも「芸術活動の動向を的確に把握すべきである。また、他省庁、地方公共団体などが実施する芸術関係施策を把握し、必要な調整を行う体制を整える必要がある」といっている。お役人作文の典型みたいな文章ですが、これは補助や振興どころか、どこでなにをやっているのか、それすら摑んでいないと告白しているにほかならないのです。民活、民活というが「今日の社会では、個人に代わり国、公共団体あるいは企業が芸術振興により大きな役割を果たすようになっているが、我が国では、芸術に援助を与えたり、そうした行為を高く評価する風習や伝統がまだ確立されていない」と同報告もいっているのですから、民活で日本の芸術や文化活動が充実することもあまり期待できない。とにかく文化はわが国では「日陰の花」的な存在である。大新聞でも、文化大国を目指せ、というと「文化とか芸術とかいうものは、好きな奴がやってればいいんじゃないか」と大真面目に反論する人間がいるくらいで、昔、福永武彦が日本は芸術が育たない風土だといったが、以来日本は風土的に変わっていない。いぜん、絶望的な状況が続いているのです。次に日本とあべこべに文化に国が力を入れるフランスでの体験のいくつかを手短に御紹介します。

フランスの実例

音楽会へはあまりゆきませんでしたが、音楽会、芝居、展覧会など、パリでは年がら年中、多彩な催しが行なわれている。最後の三年半、学芸欄の原稿を書く仕事で特派員時代と違って比較的良く色々みてまわりましたが、まず演劇ですと、アリアナ・ムニュイシキンの率いる「太陽劇団」、G・ストレーレルの欧州劇場活動（国立オデオン座）、ブッフ・デュ・ノールを本拠地とするピータ・ブルック一座の芝居、ナンテールのアマンディエ座によるシェローの前衛的な演劇など、――ビテーズ（国立シャイヨウ劇場）、バンサンが座長になった「コメディ・フランセーズ」も――本当に芝居の醍醐味を満喫する機会に恵まれました。

一例ですが、ブレヒトの「セチュウアンの善人」を観た思い出をお話しさせて頂きます。テアトル・サンマルタンという小さな劇場でしたがストレーレル演出でピッコロ・テアトルの連中によるこのブレヒト演劇にはイデオロギー臭はまったくなく、本当に陶酔した舞台でした。台詞はイタリア語、大半の観衆はちんぷんかんぷんだったはずですが、割れるような大拍手アンコールでした。演出がすばらしく面白い。中国の西安が舞台なのですが、ストレーレルはこれをあっさりナポリの下町にしてしまう。芸達者のピッコロ・テアトルの俳優たちは水を得た魚のように舞台狭しと駆け回り客席をわかせました。「太陽劇団」のダイナミックな芝居もすばらしいが、ピータ・ブルックの上演時間十時間の大作、インドのヒンズウ教の聖典を題材にした「マハバラータ」を徹夜で観た感激も一生忘れられない。

これは有名なアヴィニヨン演劇祭の真打ちの出し物だったのですが、夜の七時から朝の七時まで――せみしぐれの残照の時刻からはじまって終わったのは石切り場の劇場に一番星、二番星に続いてまばゆい朝の光がそそぎだした――つづいた舞台の面白さはうまく言葉にいえません。ダイナミックで、神話の深いサンボリックな意味に富んだマハバラータの世界は芝居でしか表現できないもの、演劇の神髄をまのあたりに見た、と思ったほどです。

こうした芝居がみられるフランス人は幸せだなと思いました。「生きていてこれを見てよかった」と生きる悦びを味わう。演劇の楽しさをひしひしと感じる。こういう体験は残念ながら、昨年暮に帰国してから経験していません。私は演劇青年だったことはありません。また、徹夜公演に熱狂したアヴィニヨンの観客もまさに老若男女、職業も仕事もまちまちな人々、いわゆる一般観客でした。

ブルックはこの芝居の準備に十年を費やし、俳優も音楽師たちもインドに勉強に何度もでかけています。時間と金をたっぷりかけて、まるでブドウ酒が熟成するようにゆっくり完成に手間暇かけた作品です。

この芝居が上演可能になったのは、文化省の多額の補助金、メセナ（民間の芸術文化援助運動）、地方公共団体の支援があったからです。何よりも明確な演劇政策があり、それを国民が支持する態度ができあがっていたからです。羨ましいと思いました。お金はかかったかもしれないが、この芝居は国際的に大成功で欧州諸国、アメリカ、インド、オーストラリアそして日本でも上演される予定だといいます。フランスのプレゼンスと言うことでは、安い出費だったといえます。国民も悦び、国際的にも高い評価を獲得する。そうザラに有ることではありませんが、文化政策とか国際交流を真剣に考えるならばここまで行くべきです。国際化時代とか国際国家をめざす、といいますがそのためには現代文化、いまの日本の創造（CREATION）を外国に紹介し評価してもらうのが捷径です。

金がないから出来ないという言い訳はもう国際的に通用しなくなりました。世界中が、日本は世界一の大金持ちだと思っているからです。大国日本の出現で買い被りも含めてわが国への期待、関心が国際的に飛躍的に増大しており、それに西欧文化・芸術のゆきづまりの自覚もあって、日本の文化的創造に対する注目も一段と強まっています。それなのに相変わらず、「マハバラータ」の輸入です。西欧で出来たものをこっちに持ってくる。勿論それも必要なのですが、これでは冒頭に申し上げた「文化のただのり」がつづくだけです。

つぎに現代造形美術に移りたいと思います。昨年（一九八五年）十一月に仏文化省の造形美術局が計画した「芸術ラッシュ運動」は国内・地方芸術家の活動を支援するもので、ゴールド・ラッシュのように大衆が現代美術を競って求めるようにしたい、という念願から生まれたものです。

こうしたことは、文化を重視する社会党政権だからできたことだ、といえましょう。ところが日本はローカルが「野蛮な資本主義国」と評した国です。文化のような効率の物差しで測れず、カネ食い虫の仕事に政府がのりだすわけはない、と言う人がいます。成る程、保革共同政権——つまりミッテラン大統領とシラク首相——になって、緊縮財政のために文化省予算は二五％カットになったと聞いています。民活導入がレオタール新文化相の方針のようです。しかし保守といえども、基本的にはラング前文化相の路線を踏襲せざるをえないと思います。何故かというと、文化政策の充実は世論調査で国民の圧倒的な支持を受けたからです。左翼政権五年でとにかく評価されたのは「文化」だと言う見方もあるくらいです。ちなみに八四年の調査によると、地方への文化の浸透、あらゆるジャンルでの創造の奨励、文化財の修復、文化の経済化、フランスの世界における文化的役割の強化等々を基本方針とした文化政策は、フランス人の四七％の賛成、二十五歳以下の青年層では六九％と言う圧倒的支持を獲得しているからです。

アメリカでは、文化省ではなく、主として民間企業や個人の寄付による文化芸術活動が盛んですが、こうした寄付、スポンサーライジングの総額は年間、一三兆円相当、二、三兆円が文化活動の資金に成っていると言うはなしを聞きました。

イタリアは私の大好きな国ですが、経済的には日、仏の後塵を拝する国で、日本人はいささか軽くみる嫌いがあります。ところが最近私の後任の大西編集委員のレポートによりますと、ミラノのスカラ座のザ・カブキ公演（東京バレエ団・振り付け、モーリス・ベジャール）のキップ収入は総経費の僅か五％をカバーするだけであとは一切、政府の補助金で賄われたそうです。パリのオペラ座の切符は結構高いのですが、五〇〇フラン（一フラン＝約二五円）だとすると、実際は観客一人にかかるのは二〇〇〇フラン、つまり経費の四分の三は国が負担していると言う話も聞きました。

日本は憲法二十四条に「国民は健康で文化的生活を保証される」とうたわれる文化国家な筈です

が、政府は舞台公演を補助するどころか、入場税を課している、これが実情なのです。

文化貧困国、日本の状況

先頃、来日したピータ・ブルックは一番いい観客は一番安い切符を握りしめてやってくる客だと喝破しました。確か上演時間四時間以上の「桜の園」でも六〇ないし七〇フラン、徹夜公演の「マハバラータ」でも一五〇フラン程度だったと記憶しております。

日本でさまざまなお芝居をみましたが、まあどんな芝居でも五〇〇〇円以上、一万円以上というのもザラです。いつか朝日新聞の投書欄に「切符が高くてもう、芝居好きという人種は存在しえなくなった」と言う年配の人の嘆きが載っていましたが、本当にそうだと思います。若い人が月に幾つも芝居をみるのは事実上、不可能でしょう。

パリの劇場では、老若男女、インテリも町の人も面白い芝居には的確に反応し、詰まらないとブーブー騒ぐ。これが東京ではない。観客も中年女性か若者。大人の男性の観客はきわめてすくない。大臣、政府高官、官吏、大学の先生、それに新聞記者も芝居なんか見ない。政治・経済の中枢に位置する男は文化・芸術なんか相手にしないという風潮が依然続いているわけです。文化が政治の本格的な対象にならない先進国は日本以外にはないといっても過言ではありますまい。

さて、最後の三年半のパリ勤務の主な仕事は原稿ではなくて展覧会を日本に持ってくるインプレッサリオのようなことをやらされたわけです。京都だけでしたので残念でしたがバルチュス展や点描派展の交渉をしました。やはり一番大きな仕事は、日仏文化サミットで、相手は文化省、こっちは民間の一新聞社ですから格がちがう。大変苦労させられました。実はこれは両国文化交流委員会で日本政府に打診したが、らちが明かず、それではというので朝日に持ち込まれた話だったようです。ラング文化相が訪日するということになると外務省や文化庁が慌てた。じぶんたちができないのだから応援してくれるなら良いのですが、厭味みたいなことをいってくる。この経験で国際化、国際対話と簡単に言うがこういう交流がいかに難しいか、嫌というほど味わされました。

このサミットから生まれたものに、日仏芸術家の交流計画があり、今年年末から七人の若い造形作家、ビデオ作家がむこうへ行く。来年は同数のフランス人作家がやってきます。アトリエ、施設、資金、あちらは政府、こちらは資金は朝日、西武、国際交流基金の三者です。羨ましいのはあちらには外国人芸術家を受け入れる設備がそろっているのに、日本には何もない。これからかけずり回って受入れ口を捜さねばならない。国際化といっても外国人を受け入れる容れ物、制度が零に近い。例えば日本で開かれる国際会議の数は韓国やシンガポールより少ない。最近も世界鳥類学会の国際会議が日本に予定されていたのに結局、ニュージーランドにもって行かれてしまった。円高もあるが、本格的な会議場がない。政府に誘致政策がない。つまり、豊かになったのだから、文化のただのりにピリオドを打って世界に貢献しようという姿勢がない。

パリの新文化施設建設

最後に駆け足で、いわゆる「大統領の工事現場」について御報告したいと思います。首都パリでいま進行中のこれらの工事はすべて文化関係の建築物で、日本に比べれば遙かに悪い経済状況でフランスは二十一世紀の首都づくりと精力的に取り組んでいる。東京でも建設ブームだがミニ・オペラ座といわれる第二国立劇場が唯一の例外で、あとは東京湾横断道路のような経済効率中心の巨大建設ばかり。すでにごちゃごちゃの東京が二十一世紀にどんな顔になっているか、想像するとゾッとします。

さて「工事現場」は七つです。

(1) ルーブル宮中庭のガラスのピラミッド。これを入口として、この世界最大の美術館に欠けている近代設備を整えようと言う、ルーブル大改装計画

(2) 旧オルセー駅――印象派中心の十九世紀大美術館

(3) 仏大革命ゆかりの地、バスチーユに第二オペラ座建設

(4) 大蔵省の移転

(5) ヴィレット科学技術博物館と大庭園

(6) セーヌ河畔のアラブ世界研究所

(7) 郊外デファンス地区に凱旋門型の巨大な国際通信センターを作る

これらがいかに巨大なものであるかは、ヴィレットの科学技術博物館の総面積一五万三千平方メートルがあのマンモス・タンカーのようなばかでかいポンピドゥ・センターの二倍もあることから想像できる。どのくらいカネがかかるか、ルーブル改装を入れないで一〇七億フラン（二五六八億円）。実際にはこの二倍以上の費用が必要といわれている。

われわれ日本人からみれば、パリにはすでに羨ましいくらいの文化施設がある。それがさらに増

設され近代化されてゆく。東京はさらに乱開発で超高層化してゆくが、マスタープランに文化施設が殆どはいっていない。これからは文化の時代だなどというが、掛け声ばかりで政府も国民も本気で考えていない。

私は、長い海外生活でいつも温泉に入ることを夢みていた典型的日本人です。フランスびいきだが、けっしてマゾヒストではない。戦後、志賀直哉が「不明確な日本語を捨ててフランス語を国語に採用せよ」といったのを知って、志賀文学を敬遠するようになったくらいで、日本および日本人に愛着をもっている。中曾根首相とは違うが、私なりに nationaliste を自認しています。しかし、どうひいきめにみても、彼我の文化環境の差は広がるばかりだと思う。いわゆる「重厚長大」のハードの生産、GNP競争の時代からソフト重視、文化の多様化、効率よりも生活の質が大切になるのが、二十一世紀の傾向というのが本当ならば、フランスは着々とその準備をしている。こちらはまたしても、泥縄式にソフト、ソフトと騒ぐだろうが、そのためのインフラストラクチャーづくりも全くやっていない。そして、傲慢になった人々は「もはや西欧に学ぶことなし」といっている。

日本の経済的成功は世界史的にみても、空前の出来事だと思いますが、古風な言い方かもしれないがやはり、心や魂を欠いた効率一辺倒主義は危険だと思う。経済だけに専心して「文化はただのり」をこれ以上続けることは国際的にみてももはや許されないのではないか。

もっともフランス方式の文化政策がそのまま日本に適用できるとは考えないし、フランスのやりかたも、一種の賭でその結果は時間がたってみないと分からないと思っています。

ただ一ついえることは、日本のインテリは追いつけ追い越せで明治以来忙しすぎて、翻訳、直輸入にあけくれてきた。フランスの文化の問題には精通していても、自分の国の文化のありかたを根本から問い直す事を怠ってきたのではないか、ということです。国民も「生きる喜び」(joie de vivre)とか、「生活の質」(qualite de vie)を真剣に考える余裕がなかった。ところが年間一千億ドルの黒字で、これ以上突っ走ることは国際摩擦を激化させるだけで、不可能になった。いやでも減速しなければならないが、文化にカネを掛けようという発想はなかなか出てこない。

だいたい日本の関係各省、お役人には文化の行政官がいないのが実情なのです。マラルメが分かったり、アンリー・ミッショーがわかる文化人はいるが、日本の文化の現状に深く思いを致す人はほとんどいない。

なんだか、さびしい話になりましたが、すくなくとも文化に関する限り、「なお西欧に学ぶことあり」と痛感せざるを得ないということを申し上げて、講演の結びとしたいと思います。御静聴、ありがとうございました。

II

欧州から日本の教育を考える

——根本さんは、長くヨーロッパにいらっしゃって、そのご体験を『小さい目のフランス日記』（朝日新聞社）にお書きになられたわけですが、フランスにいらっしゃったのは……。

根本　最初は一九七二年の春から一九七六年の終りまでの四年半、それが第一期です。一回帰国して、一九七九年から三年ぐらいローマにいて、娘はローマでもフランス語教育を受けていました。さらに、ローマから横流れでパリに再赴任して、三年半。通算すると約一二年になります。

長男のノブヤを連れて行ったのは最初の四年半だけで、ローマへ行くときは、彼は私立武蔵高校に入って、「ぼくは行かない」と言うものですから、彼だけ残して行きました。年中呼び寄せてはいましたが。娘は両親について歩き、ローマにいた期間はサン・ドミニカンという、珍しく女だけの中・高等学校——宗教学校ですけど——に在学していました。

——フランスとイタリアでは学校教育に関してもずいぶん違いますか。

根本　違いますけど、共通していることがいっぱいありますね。ぼくは最近、ＯＥＣＤ（経済協力開発機構）の主催した京都の国際教育の会で、中曽根さんが出てきた会議に出たんですが、英語で言えばエデュケーション、フランス語だったらアンセーニュマン、これを教育と訳すと日本でやっているのと同じことをやっているみたいだけど、基本的に違うんじゃないかと思いました。

何が違うかというと、自由とか民主主義——これらは学校で教えるというんじゃなくて社会のあり方が違うわけですが——というのは空気みたいに遍在していて、少しでもそれを制限しようとすると、それが左からのものであれ右からのものであれものすごい反発が起こる。そういうなかで育つ子どもたちですから、日本の子どもがおかれている状況と全然違うわけですよ。この間いただいた雑誌（本誌67号、野原論文）にも載っていたような、読んでいるとそら恐ろしくなるような管理教育のなかで育つ子どもたちとは。フランスでも、低学年のしつけはかなり厳しいですよ。だけど高校生にもなって日本みたいな校則だの、頭の毛は何センチだの、そんなバカげたことはありませんから、そのへんがまったく違う。

それから、受験戦争というのがない。いや、あることはありますよ。エコール・ポリテクニックとかエコール・ノルマル・シュユーペリール（高等師範学校）という大学校、つまり大学ではない、ナポレオンのときできたらしいんですが、国家のエリートをつくる優秀校がいくつかありまして、そこへ入るのはものすごいシビアです。だけどそれはできるやつが入るので、無駄に競争することはない。

子どもを把握している校長

最初に子どもを連れて行った一九七二年のことですが、近所の小学校へ入れることにして、校長先生に会いに行ったんです。この本（『小さい目のフランス日記』）にも出てくるムージャンという校長先生です。

「うちの子はABC《アーベーセー》も知らない。勉強について行けないだろう。この学校には外国人子弟もいるから、補習みたいなものがあるんじゃないか。面倒みていただけますか」と言ったら、

「なぜそれが必要なんだ」

「日本ではそうじゃなくても、塾というのがある」

そうしたら驚いた顔をして、

「私に任せておきなさい」と言うんです。

子どもが三〇〇人ぐらいしかいない学校ですから、校長が子どものファースト・ネームからなにから全部知ってるんですね。ご存じのように、フランスの学校は平気で飛び級させたり、落第させたりします。息子はそのとき四年生で、ABCがわからないから一年生に入ることにしたんですが、

「算数はできるだろうから上のクラスでやる。フランス語は下のクラスでやる。校長である私が様子を見ていてどんどんクラスを動かす。それは私に任せてくれ。なんであなたが補習だなんだと言うのか」と言うんです。

ぼくは非常に驚きました。校長が、ダイレクトに子どもを把握している。管理じゃなくて、子どものファースト・ネームから覚えているし、クラス・ド・ネージュ（雪の学級）でスキーをするときは、校長先生自ら六歳ぐらいのヨタヨタした子どもを股の間に抱え込んで降りてくるんですよ。できる子もできない子もまったく同じように扱う。

息子も娘もあまり頭がよくないんですけど、両方ともストレートで東大に入っちゃって、日本の常識から言うと非常にうまく行きまして（娘の方は、第一回の帰国子女特別入学試験の合格者でしたが）、ぼくは、子どもを外国に連れて行ってすごくよかったと思っています。おとなしい、あまりハキハキしてない子で、どちらかというとハウ・ツーよりもホワイのタイプ、考え込むタイプの子どもだったから、小学校四年生までは成績はあまりよくなかったんです。もし日本にいたら、二人ともうまくいかなかっただろうと思いますね。東大に入ることがいいか悪いかは別にして。

小学校はグリーユ――鉄の柵の上にへんな金属がついた門ですが――があって、そこを閉めちゃうと親は絶対に入れないんです。入るためには校長先生のランデブーをとっておかなければいけない。そこから中は、低学年の場合はかなり徹底的に学校長および担任の先生が主権をもっているんです。かなりきっちりした、昔の先生と児童という関係。

クラスのなかの成績はかなり厳重につけて――最近はフランスでも批判があって減っているらしいですけど――最終学期の六月には賞品授与式がある。できるやつから厚い本をもらうんです。おもしろいのは、ボン・カマラッド（友だちとしてよかった）賞とかボンヌ・コンデュィット（おこないがよかった）賞といった賞があるんです。賞をもらった子どもにみんなで拍手をおくる。前に一番の賞をもらって今度落ちたやつはおもしろくないかもしれないけど、低学年でも泣いたりひがんだりしないで、やはり拍手するんだな。そういうシビル・ミニマムというか、小さいときから非常にきっちり育てられている。

自由について

自由の話になりますが、娘がパリのアンリ・キャトルという高校へ行っていたんです。ベルグソンとかサルトルとか偉い人が出た有名な高校。校門のところにキャフェがあって、低学年の生徒でもそこでビールを飲んだり煙草を吸ったりしているんです。先生はもちろん何も言わない。娘が、「お父さん、あそこを通るあの二人、同棲しているのよ」と言うんです。その高校の上級生だという。

「どうして学校はそれを放っておくんだ」

「だって、学校は門の外は関係ないもの。それは親の責任よ。親がセパレートさせたきゃさせればいい」

そこのけじめははっきりしているんですね。また、そういうカップルがクラスに一組いたからといって、みんながそれを真似るわけじゃない。逆に言えば、子どものときから付和雷同的でないように育てられている。そういうところが非常に違いますね。

民主主義というのは、個人の自由がないかぎりいつだってひっくり返るわけですよ。つまり、何かあったら抵抗するのは個人だから。ところが、戦後民主主義の教育のなかで個人の尊重ということを言いながら、ほんとうの意味の個人の尊重ということに、日教組の人も取り組んでこなかったんじゃないかという気がするんです。絵を描きたいやつに自由に描かせる、作文を自由に書かせる、拘束しない、そういう個性の尊重は言ってきたかもしれないけど、日常の細かい場面ではっきり〝ウイ〟と〝ノン〟とが言える判断力をもった子どもを育てる、ぼくは、それが個性の尊重で、それが民主主義の基盤だろうと思うんです。

——日本の場合はどちらかというと平等という価値が前面に出て、飛び級なんてとんでもないとか、成績をつけて順番に発表するなんてよくないという意見が強いですね。

根本　そう。国情が違いますから、いちがいに飛び級がいいとも言えませんけれども。

ただ、フランスは夏休みが長くて、いま五週間かな、有給休暇があるんです。これは法律で、タクシーの運転手さんであろうと道路清掃をしている人であろうと——そういう人たちを差別して言っているんじゃないですよ——とらなきゃいけないたてまえになっている。つまり階級社会だから、それを相殺するために水平な平等線を法律的に完備しているわけです。見方によってはヨーロッパより日本のほうが民主的だとも言えます。けれども日本だったら、大企業の人は一週間あるいは一〇日間の夏休みをとっても、道路清掃人の人とか中小企業の人が一週間休むと言ったら笑われるぐらいでしょう。五週間連続休むのは同じでも、カネがある人とない人と、行くところは違うわけですよ。だけど、ちゃんと安い海岸もあるし施設もあるんです。もっと簡単なのは、子どもとキャンプに行って五週間過ごす。

つまり、貧富の差は確かにあるんです。だけれども、それを相殺する形で水平な平等線があるわけです。日本の社会はもっと隠微で、表だけは水平で裏はいろんなカテゴリーを伴っている社会ですから、ちょっと違うと思いますね。

——そのために受験戦争が激しくなるという面もありますね。

根本　あります。フランスではキャフェのボーイだって、いい店のは株を買わなきゃなれないんですから。退職するときに一〇〇〇万かなんかで売るんです。それを買わないとそこのボーイになれない。それぞれに組合があるし、退職後の年金もある。したがって、勉強したくない子が大学へ行く必要はないわけです。

もう一つは、大学へ入ったってでなきゃ落第させられる。つまり、入る門が厳しいんじゃなくて出る門が厳しいんです。大学へ入ったって出られないのなら意味ないでしょう。その二つですね。もちろん年金制度にしても差はありますよ。一流企業と中小企業、官吏だって大臣と下っ端とは違うけれども、労働組合とか権利意識が強いから、ある程度保障されるわけです。

日本の社会はヨーロッパ流の一流企業といえるのは企業全体の何パーセントしかなくて、そこへ入れなければ賃金的にもゆとりのある生活ができない。そうなれば、親がわが子をそこへ入れたい、そのためにはなんとかいい学校へ入れて、と思うのは当然ですね。ぼくは、そういう親がばかだとは思わないですよ。そこらへん、ちょっとむずかしいですね。

大事なことは、これは日本の先生方のご意見と反対かもしれないけど、できる子とできない子は厳然といるわけですよ。できる子に賞品をやってもいいと思うんです。だけれども、できる子がそれをかさに着て威張ったり、弱い子をいじめたり、そういうときにはストリクトに監督して、張りとばせばいいんですよ。それが教育だと思うんです。それが面倒くさいのかなんか知らんけど、〝みんな同じ〟みたいなことを言う。それはまさに嘘であって、嘘であることは、六年終わった途端にわかっちゃうでしょう。〝みんな同じ〟はずだったのが差がついちゃうんだから。さらにまた三年たって差がつく。そこに非常にフィクションがあるとぼくは思うんです。日本の教育の実状から言ってそうあっさりいかないことは、よくわかりますけど。

自由と個人主義をとらえ直す

――ぼくも根本さんの『小さい目のフランス日記』を読ませていただいて、自分であり続けることが許されるというか、可能な社会だなぁという気がしました。たとえば、ある子どもが鬼ごっこをやろうと提案すると、ほかの子は、ぼくは断然かくれんぼをやると言う。そういうふうに自分の遊びに熱中する子どもが出てくる。日本だとたぶん、自分の希望を捨ててガキ大将の言うままに従わなければならない、そういう悲しさがあると思うんですね。

われわれが学級集団づくりや学校づくりをやるときも、ややもすると集団をつくること自体が目的になってしまって、一人ひとりがそのままでい続けることができる――これは重要な権利だと思うんですが――という権利を、みんなに同化しなければいけないということでどんどんつぶしていっているんじゃないか、と…。

根本　そう。たとえば、ぼくは帰ってきて子どもを日本の学校へ入れたでしょう。練馬区のある中学校ですが、驚いたのは、運動会で全員が黄色い、あまりきれいとは言えないパンツをはくわけですよ。なぜ全校生徒一〇〇〇人が汚い黄色いパンツをはかなきゃいけないのか。そういうことに、日教組の人を含めてそういう意識のある人がだれも抵抗しない。戦後、ずっと抵抗しないできたんですね。学校のなかには学年集団があって、次はクラス集団、次は班。どこまで行ったって個人にならない。

ところが話が厄介なのは、西欧はいま個人主義のなれの果てという感じになっている、だから禅をやろうとかいうふうになってきている、という見方があるんですね。つまり、ほんとうは日本が三ラウンドぐらい遅れていたんだけど、向こうは個人主義が爛熟して、行き過ぎて、それがエゴイスムやなんかと結びついて社会的な秩序を壊したり、やたらに無用なストライキがあったりして、行き詰まっているんだ、という。

それを代表するようなものに、山崎正和さんの『柔らかい個人主義の誕生』という本がありますね。つまり、趣味が多様化したり、ものが豊かになったりして、子どものときから生活が多様化してきた、そこで柔らかい個人主義というのができて、なにかうまくいくようなことが可能性として書いてある。そういう本なんです。二日間八ケ岳へこもって、偉い人が出てきて、山崎さんの本をテキストにする会があって、ぼくは、単刀直入に聞いたんです。多様化するのはいいことだと思うが、個人主義というのは本来硬質なものだろう、固い個人主義が是正されて柔らかい個人主義になるなら結構だけど、ものが多様化して価値観が多様化したからそれで柔らかい個人主義ができて、日本の民主主義が将来安泰で、かつ西欧を追い抜いた形でいくと、手離しでそう言えるでしょうか、と聞いたら、彼は、ぼくの意見に対してはあまり回答にならない回答をしてくれましたけど。

つまり、いい悪いは別にして、日本みたいな単一民族的な国はどうしてもまとまりやすいんですよ。つまりロジカルじゃなくて、論議しないで、こうしていきなりお会いしても誤解なく話ができる。これが外国人だったらたいへんですよ。おれは宗教はこうで……という前提から入らないと話にならない。こういうふうに理解し合えるのは日本人の幸せなところで、その利点は大いに活かしたらいいんだけど、ただ、もう一度ファッショ化を起こさないようにするためには、やはり自由と個人主義をとらえ直すことが大事でしょう。日本は民主国家なんだから、それは左翼とか右翼とかイデオロギーに関係なく言えると思うんですよ。そこのところをもう少し考えていただけないだろうか。ぼくはまったく教育音痴なんですけど、ときどきそう思います。

排他的な日本の教育

フランスに四年半いて、息子が中一の終りに日本へ帰ってきたんです。向こうの中学校を一年ちゃんとやって帰ってきたんですよ。中学校は義務教育ですから、よっぽど授業を聞くのに障害がないかぎり区立の中学校へ入れてくれるだろうと思って、教育委員会へ行ったら、それはむずかしいと言うんです。一番大事な小学校四、五年から中一まで四年間外国にいた子どもはたいへんだ、特殊学級みたいなところへ入れろ、と言うんです。とにかく校長先生にお会いしようと、練馬区のある中学に行って、校長先生と教頭先生にお会いしました。校長先生は「ご事情はわかるし、お入れしたいけれども、クラス主任が反対する」と言うんです。なぜかというと、そのクラスの偏差値が練馬区で何番とか、東京都で何番とかいうのがあって、そういう子どもが入るとお荷物になる、できるだけお断わりしたい、という。女房はかんかんに怒るし、ぼくも憤激して席を蹴たてようと思ったんだけど、わが子のことですから七重の膝を八重に折って頼んで、受けとっていただいたんです。

なぜそんなに腹が立ったかというと、理由があるんです。七六年に最初に帰国したとき、娘は日本流に言うと小学校四年生だったんですが、帰る一ケ月ぐらい前にクラス主任の女の先生から電話がかかってきて、ミサコだけでも置いていけないか、日本のショーシャ——この言葉はいまや世界語なんですね——の人かなんかに預けて、置いていけないか、すごくよくやって、フランス語が非常に大事なときだから、と言うんです。人種も違う子どもを置いていってくれないかと言ってくれる。

日本に帰ってきたら、ぼくは日本人なのに、しかも義務教育の段階の息子の入学で、先のような場面に遭遇したわけです。つまり、そのぐらいおかしいんですね。日本で暮らせば、その校長先生の言うことは全然わからないではないですよ。だけど、それは絶対に世界に通用しない。

娘はローマからパリに来て、最初は近所の普通の高校へ入ったんです。ラボアジエという高校に。ところが、家から歩いて二分のところにアンリ・キャトルといういい高校があるものですから、そこへ入れたかったんです。そこは越境入学して入るような学校だからたぶんだめだろうと思いながら、移籍するための教育委員会みたいなところへ電話をしたら、とにかく成績表を持って来いと言うんです。娘を連れて、パリの郊外にあるそこへ行きました。若い人でしたが、会って、さっきお話しした私立の尼さん学校の成績表を見せたんです。彼はそれを見て、これならたぶん大丈夫だと、いきなり電話をとってアンリ・キャトルの教頭先生を呼び出して、説明するんですね。日本人で、成績はこうこうで、自分はいけると思うんだけど、おまえのところに席一つあいてないか、と。知らない学校のつけた成績でも信用するんですね。全然見ず知らずですよ。こんな教育委員会、日本に一つもないんじゃないですか。東京から九州に転勤したって、その逆だって受け付けない。こんなおかしなことはないですよ。

――われわれ日本人の場合は、組織を守るという観点を優先させてしまうのかな。つまり、わがクラスが崩れてしまうという。向こうは一人ひとりの可能性を優先して、それも極めて迅速に、柔軟にやってくれるんですね。

根本　ええ。

――根本さんの本にもありますように、たとえばカーテン・レールをつけるのにものすごく時間がかかるとか、そういう生活の便利さに関するある面については……。

根本　ええ、フランスは不便なところです。

――だけど、こと個人の問題というか教育の問題にかんしては、極めてスムースで早いですね。

根本　ええ。そういうところは日本はものすごく官僚的というか管理主義的というか、学校が、一人で入ってくる個人をハネつけるブロックみたいな感じですね。

フランスの学校は、低学年の場合は校長先生が見ていてバンバン上げてくれますし、「上へ行くか」なんて、当人に相談するんですよ。落とすのも平気。

いじめと個人主義

――日本では中学生が浮浪者を襲撃して殺しちゃったという衝撃的な事件がありましたが、フランスには移民労働者とか、日本で考えれば差別されそうな人もたくさんいますね。いじめとかそういうことについては、学校ではどんなふうにやっていますか。

根本　それは非常に複雑な問題で、ひとことで言えばいじめはあります。うちの息子も体が大きいのに一年生に入ったものですから、上級生にいじめられたようですよ。彼は家でそういうことを言わなかったから、ぼくは知らなかったんですが「シントック」という軽蔑的な言葉があるんです。「シン」というのは「支那」、日本語でいうと「アジア人」とか「アジア野郎」、いまは使っちゃいけないんだけど「チャンコロ」というような意味です。顔の色も違う、フランス語がひとこともわからないのがいりゃ、それはおもしろいですよ。

それは先生が気がつけばすぐに介入しますけど、気がつかないいじめだってあるでしょう。だけど、ぼくはそれは許される範囲のいじめだと思うな、フランス人を弁護するわけじゃないけど。

――それは集団的じゃないでしょう。

根本　個人的。一人が「シントック」と言えば、二、三人がワーッと言うかもしれませんけれど、上級生全部が一人をつるしあげるということではないみたいです。やっぱり個人が大事というか……。

日本では自由とか民主主義というと何か概念的な話になっちゃうけど、冒頭に申しあげたように、ほんとに空気みたいに、民主主義とか自由とか力まないでも、呼吸しているなかにエレメントとして入っているような感じでね。

社会的にはいま移民労働者がふえて、それを排斥したい右翼がいるわけです。それにたいして社会党の勢力が、ヌトュシュパ・モン・ポポ（おれのダチ公に触れるな）というキャンペーンをやりました。パリで、若者たちがロックを歌いながら何十万集会というのをやりましたよ。若者がものすごい関心を示しました。大革命を経験して、自由・平等・博愛という概念がありますから、〝おれのダチ公に手を出すな〟という発想はもう身についているんでしょうね。貧富の差はある、これはある程度しょうがない、しかし、基本的人権を脅かすようないじめとか迫害とか追放とか、そういうことがあるとだれにも頼まれないのにデモが起こりますね。

――「空気のように」というところ、半ばわかるような気がするんですが、家庭教育とか学校教育の側面もあるでしょうね。

根本　ありますね。小さいときには親権はものすごいです。親が徹底的に殴ったり、先生が子どもの耳をつまむなんて、平気でやるんですよ。ヨーロッパの教育思想のなかには、人文主義というかユマニスム――ヒューマニズムというと日本ではちょっと違う意味がありますが――というのがあるんですね、ルネッサンス以来の。その根幹には、小さい子どもはアニマルと同じなんだ、それを大人にしていくんだ、それが教育なんだ、徳育を含め、修辞学や音楽なども含めて、それをして人間になるんだという、ルネッサンス時代の人間認識があるわけです。だから、ただ知識を習得させることが教育であるという発想ではない。

それから、いまは科目としてはないはずですけど、シビックという概念があるんです。日本で言うと修身。だけどそれは戦前のモラルとかなんとかじゃなくて、シビルミニマムみたいなことなんです。

たとえば、電車のなかでは小さい子は立っていなさいということがありますね。子どもを先に坐らせるのは日本だけですよ。若い人や子どもは電車のなかでは立っているのがあたりまえ。親がそういうふうにしつける。さっき言ったように、校門の外のことは家庭がやるわけですから。

日本では、家庭と学校の垣根があるようなないような。つまり、学校が引き受けないでいい責任まで引き受けさせられているし、家庭はなんでも学校にゲタを預ければいいというような。

――高野哲郎さんはよく、互いに自我がとろけ出しちゃっている、外縁がグジョグジョになって入り込んじゃっている、したがって自我がはっきりしない、学校も家庭も社会も、みんなそうなっちゃっていると言っていますが。


根本　そうなんです。日本は単一民族、というと怒られるけど、ホモジーニアスであることは間違いないわけで、中国であろうとアメリカであろうと、スペインであろうとフランスであろうとオーストラリアであろうと、こんなにホモジーニアスな社会はない。以心伝心でわかるから、わざわざ論を構える必要がない。便利なことは便利ですね。フランス人と話すと、〝①→②→③→結論〟という話し方で、面倒くさくてしょうがない。非常にカッタルイんです。日本の場合は〝①→②→③→結論〟なしで話せる。これはわが国のいまの経済成長に役に立っているでしょうし、決して全面的に否定できないんですね。

だからこそ逆に自由と個人主義というのを大事にしないと。これは理屈じゃなくて、子どものときから個人に決めさせるということをとおしてね。

たとえば、靴下の色は何色と学校で決めるなんて、そんなバカな話はない。それは親がやることでしょう。そんな話、フランスで聞いたことないです。そんなこと決めなくたって、子どもたちはだれもそんな派手な格好しないですよ。親は自分たちが楽しむのが大事で、子どもにカネなんかやらないから。

学校で、クラス・ド・ネージュでスキーに行くんですが、子ども用の中古のスキーやアノラックを学校と市で売るんですよ。ぼくの家のそばに、貴族で——いまフランスの社会には貴族の称号はないんですけど——大理石のお風呂が二つとか三つとかあるというたいへんな金持ちの家があるんですが、その家のおばさんもそこへ行って一所懸命選んでいるんです。一回しか使わないから、それでいいんですね。そういう意味ではものすごくケチです。

日本みたいに頭の刈り方からなにから全部学校が決めるなんて、ちょっとエクセッシヴだと思いますね。

ぼくの息子は日本の中学を卒業するとき、数学の先生やなんかに囲まれて殴られたらしいんですよ。おまえは学校の勉強はできるけど生意気だ、というので。

——恨みを込めて、ですか。

根本　うん（笑い）。彼は全然暴力的ではないし、どっちかというと内気な、口答えしたりするような男じゃないんです。何が生意気かというと、たとえば髪が耳にかかったらいけないと言われる。するとなぜなのかと考えるでしょうね。あるいは、詰め襟の上のボタンをかけろと言われる。暑いのに、どうしてボタンをはずしちゃいけないのかと、ひそかに抵抗運動をやっていたんでしょう。先生にしてみればそれは困る。その恨みじゃないですか。

子どもの成長にあわせて

根本　教育内容でもそうですね。低学年のときに四則を覚えさせるとか、アルファベットや初歩的な文法を正確に叩き込む、これは棒暗記です。しかし中学生以上になると、たとえば作文を書くとか教室で発表するというとき、何かを丸写ししていったら零点です、その子がどう考えているかということが出ないかぎり。フランスでも、歴史の年号が書いてあったりする虎の巻を売っていますよ。それは覚えなきゃならないけど、それを使ってどういう意見を言うか、どう自分を表現するかということが大事なんですね。

バカロレアというのもそうなんです。これは口頭試問と筆記試験とあって、筆記試験でも「人間性とアニマリテ（動物性）の違いについて述べよ」とか、そんな問題が出るんです。二枚ぐらい書かせる。そんな問題、試験勉強のしようがないでしょう。つまり、自分の意見をいかに論理的に組み立てて言うかという訓練が、国語教育のなかですごく大きいんです。それは社会科教育でもそうで、たとえば「いまの日本について」という課題を出されて、何か写してきて読みあげたってそれはだめなんです。日本の社会がそうだとしたら自分はどう思うか、というのがないと。そこらへんがまったく違うんじゃないかな。

――小さいときから子ども自身の選択に委ねる部分が多いとか、教育の中身でも個人の意見をはっきり表現させる訓練をする、そういうことは子どもたちの自治性をつくってもいるでしょうね。

根本　ええ、そう思います。

――そのほか長い夏休みのあり方なども含めて、子どもたちの自治活動というのはどんなふうになっていますか。

根本　フランスだけじゃなく、ヨーロッパではバカンスというのは非常に重要な教育のエレメントだと思うんです。というのは、普通の家でも三年に一回ぐらい、お金のある家は毎年必ず家族でバカンスへ行くわけですが、このときに海岸で会う子どもは日本の子どもみたいに甘ったれなんです。普段は違いますよ。夫婦でオペラを見に行くというと、子どもは冷や飯とチーズかなんかで晩飯です。子どもはそれでいいんです。レストランなんか連れて行かないですよ。最近はレストランで子どもを見かけるようになりましたけど、それだって高校生ですよ。小さい子どもをレストランに連れて行くなんて、全然考えられない。大人だけで行動する。

学校でも低学年のときは厳しいです。エンピツを落っことしても先生にボン・ポワンを取りあげられるくらいですから。子どもはゆるむところがないでしょう。

ところが、バカンスのときは非常に甘やかすんですね。つまり、親子のヒューマン・リレーションがバカンスで取り戻されている。だから、バカンスへ行くときは子どもの希望を入れているんじゃないですか。それから、夏休みの宿題なんて、聞いたことないなぁ。

だいたい六月の夏休みに入る前の終業式の来賓の挨拶が「ブロンゼ・ブー・ビアン」（よく陽に焼けておいで）という話なんです。勉強しなさいなんていう話は、ぼくは一回も聞いたことないな。

——知的に生徒に介入する場面と、まったく介入してはならない場面と、きちっと分けているようですね。

根本　そう。いじめというのは、日本の親の意識の反映じゃないですか。つまり、このカルチエにあんな浮浪者がいて汚いとか、困ったものだとか言っているから、そうなるんでしょう。

——ええ。企業で異端の労働者を排斥し始めたころから、いじめが広がったような気がします。

根本　そうですね。日本では、ちょっとした差を見付けてディスクリミネートしようとしますね。あらゆる社会が。何か特技があるとかちょっと動作が緩慢だと、ただちに疎外される。みんな同じでなきゃいけない。ぼくはメダカの体操だと言うんです。洗面器のなかをメダカが泳いでいるでしょう。指一本突っ込んだらクモの子を散らすように乱れる。一分後にはまたサーッと一列になって泳いでいる。ちょっとでも変わったものが入るとたいへんでしょう。

帰国子女問題というのはそういうことなんですね。よく、追いついていけないとか日本語がなんとか言いますけど、それはたいした問題じゃない。初めはそういうことがありますよ。たとえば「都道府県」という漢字をなんて読んでいいかわからない。

そういうとき日本の学校では、「都道府県」が読めないとドッと笑うんですね。あだ名はフレンチ（笑い）。要するに、ちょっと変わっていると差別するんですね。

——社会科だったら、背景に異質な文化をもっている人たちが入ってくれたほうがやりやすいと思うんだけど、それが逆になっちゃうというのはじつに残念ですね。

根本　そうなんです。

個人の価値の大きさ

——日本の学校には管理主義が蔓延していて、われわれはそれにたいしてどうしたらいいか、いろいろ考えてはいるんですが、根本さんはやはり、個人の価値をほんとに重要なものと考えていくことが大事だ、ということですね。

根本　ぼくは昨日たまたま、福田恒存が若いときに書いたものを読んでいて感心したんですが、彼はこう言っているんですね。つまり、政治というのは一〇〇人のなかの九九人を幸せにする技術だ、残りの一人の例外者は政治のなかに入らない、文学にとってはそのはぐれた一人、これをどう救うかが問題だ、それが文学だと。

それを延長して考えると、教育というのは一つの組織ですから、九九人をうまくしなきゃいけない。だけど教育というのは常に人間形成の理想論とからんでいますから、政治のように残りの一人はどうでもいいというわけにはいかない。九九人を組織としてこなさなきゃならないと同時に、一人も大事なわけです。そのバランスをどうとるかということだと思いますね。

——それが実際には九九人でもなく……。

根本　六〇人ぐらいかもしれない。だからぼくは左でも右でもないと思うんです。だって大人になったら、あるときには「ノン」と言わなければいけないわけでしょう。なにも政治じゃなくて、日常生活で、はっきり「ノン」と言い切らなければならない場合がある。たとえば九九人が「ウイ」と言っても、一人「ノン」と言わなきゃいけない場合も出てきますね。たとえばホームルームで、そっちを救いあげる努力をしているかどうか。そういう問題がありますね。

ぼくは終戦のとき中学一年生だったんですが、あのときから変わっていないですよ。あのときだってクラスが大事で、班が大事で、個人が大事だなんて言ってくれなかった。戦後、日教組の人も、その基本的構造を鋭く意識して問題化したかというと、してこなかった。そういう意味では責任があると思うんです。

個性開花と言うけれども、さっき言ったようなユマニストの教育という概念からすれば、子どもはまだいろんなルールを知らないわけだから、それにある規矩を与えることは必要だと思うんです。ランボーとかヴェルレーヌとか、偉い人は別として。といっても、がんじがらめに管理するというんじゃないんですよ。守るべき最低の規矩。それは教える必要があるけれども、それ以外にむやみやたらに髪の毛何センチまで干渉するというのは、人権じゅうりんも甚だしい。子どもはどうやって判断したらいいんですか。

――そうですね。われわれも自立とか自我とかいうことを問題にするんですが、フランスでは、何歳から大人と考えますか。

根本　大人は法律上は十八歳ですから、日本の親子と違って、向こうは十八歳になると高校生でも小さな屋根裏部屋でも借りて外へ出ちゃったりしますね。ある一定の年齢、十五、六歳ぐらいになるとそうなっていきます。つまり、子どもは早く独立したいんですよ。

――子どもの判断する範囲がどんどん広くなっていくわけですね。

根本　そう。

――われわれの場合は反対で、子どもが小さいときには子どもの判断をとても大事にして、「こっち食べる？」なんてご機嫌をうかがう。ところが、自我が芽生えるころになると判断の余地を一切なくして管理しようとする。

根本　そうなんですね。

――それが自治の問題とも関係するのかもしれませんが、同じ大学生で同じ問題を抱えているはずなのに、あるいは日本のほうが深刻な問題を抱えているはずなのに、学生たちの動きはまったく違う。この違いはいったい何なんでしょうね。

根本　ひとつ、こういうことがあると思います。ぼく自身の経験でもそうなんですが、ホモジーニアスな社会であることを背景にして、国語教育のなかに自分の意見を論述するということがない。たとえば、自分は豊臣秀吉をどう思うか、それを論述して聴き手を説得するという教育がないですね。いや、いまはあるのかもしれませんが。

——詰め込みで忙しくて、とてもやれないでしょうね。

根本　日本の子どもたちは計算やなんかはパフォーマンスが高いと、アメリカの教育者はおだてていますね。だけどそれは高等学校までですよ。むしろ中学まで。大学にいたっては世界中からひでえ大学だと言われている。だって、大学に行ったって教えられているだけで、自分の意見を言っちゃいけないんですから。

日本の将来と教育

——そういうことを考えると、いまのところはフランスが経済的に遅れてきて「ざまぁみろ」なんて言っている人もいるけど、この先大きな問題が起こったとき、われわれは越えられなくてもフランス人は簡単にクリアするんじゃないでしょうか。

根本　そう、アメリカを含めて、向こうは共通項があるわけです。個人の自由と個人主義とか、そういうものにかんするバーズは話し合えるわけです。先進工業国だけとれば。違うのは日本だけ。

山崎正和氏が言うように、〝柔らかい個人主義〟という結構なものができて、三周遅れたらトップにいたということになればそれは幸せですけど、そういう期待は甘いと思わざるをえませんね。日本の社会は天皇制があるから、左への革命はなくて、右への革命しかありえない構造だと思うんだけど、そのときに「ノン」と言うやつが大事ね。それには、非常に迂遠なようだけれどもやっぱり教育だと思うんです。日本は少なくとも民主主義国家なんだから、それは右・左を越えて言えると思うんですよ。だって、たとえば太田さんの奥さんがフランス人で樋渡さんの奥さんがポルトガル人でぼくの女房がアラブ人だとか、そういう時代にならないかぎりホモジーニアスの面が残っていくわけです。急に解体するわけじゃないんですから、将来、リスクに直面した場合のことを考えないと。

たとえば経済成長だって、イタリアも戦後一〇年ぐらい奇跡の経済成長をやっていますし、ドイツも経済成長しましたね。ドイツはまだ頑張っていますけど。それと日本。しかし、そんなのはずっと続かないですね。それは世界史を考えればすぐわかる。ヴェネツィア共和国がほんとうに栄えたのは二〇〇年ぐらいだし、アテネが栄えたのはペリクレス前後の一〇〇年ぐらいで、あとは年中ゴタゴタしていたわけですね。そのゴタゴタしたときに何が起こるかということを考えると、非常に怖いんじゃないですか。

ただ、個人主義と自由が定着すると減速する部分はあると思います。いままで「先生、頼むよ」という話をしていた人たちが、いちいち議論をして、ノーだのイエスだのやるわけですから。それで減速したって、やっぱりホモジーニアスだからまだ勝つんですよ。日本人的な言い方をすれば。

むしろ、いままで管理だなんだと効率一本槍でやってきた結果、ご存じの円高・ドル安で、外貨が大きくなり過ぎて叩かれているわけでしょう。そっちで困っている。これはちょっとナショナリストみたいな言い方だけれど、個人主義と自由とが定着した結果、日本人として負けるなら困りますけど、まだ勝つんですから、個人主義と自由というのは日本の将来を考えても必要だし、日本のおかれた経済情勢から考えても、個人が充実して生きるということは決してマイナスにならない状況だと思いますね。

八六～八七年のフランス学生運動

――去年から今年にかけて、フランスの学生が久しぶりの学生運動をやりましたね、ちょうど五月革命をやった人たちの子どもの世代が。

根本　ええ。あれについては二月二十三日付の社説をごらんいただくとして、あの大きな争点の一つに、大学へ入るときの登録料の倍加というのがあるんですね。五～六〇〇〇円の登録料が一万二〇〇〇円になっただけであの騒ぎ。ほかにも問題はあったんですが、しかも、フランスの場合は大学生がやった。もう自分たちは入っちゃっているんだから、関係ないんです。あとからくる高校生のためにやったわけですね。そこには、さっき言った〝ダチ公に触るな〟という社会的意識みたいなものがある。それは決して右でも左でもないと思うんです。将来の仲間というか、そのために立ち上がった。そういう要素が全然ないいまの日本の若者……、慨嘆にたえないですね。

――昔の学費闘争はそうでしたね。それは何なのかなぁ。フランスでは高校生も学生組織をもっていますね。

根本　もっています。エコール・ノルマルの学生も徹底的に叩き込まれることは叩き込まれますね。ぼくはエコール・ノルマル・シューペリゥールの授業を聞いたことはないけど、ものを書くときはやっぱり創見がなきゃいけないんです。オリジナリティがなきゃいけない。教えられたことを一〇〇%書いたら一番で卒業ということは絶対にない。そこのところですね。

逆に言うと、経済的な話になりますが、日本の経済成長なんて簡単なんですよ。A社がたとえば2バンドのトランジスタをつくるでしょう。二カ月たつとB社が出す。三〇社なら三〇社、全部出す。最初のA社のシステムは、おそらくパテントを買ってきたものです。日本で発明したものじゃない。三〇社が全部A社の真似をして出すと、今度はA社はアンテナの形を変える。あるいはつまみを変える。発明はどこにもない。だけどそういう競争を何サイクルかやると、非常に優れた商品ができるんです。

ヨーロッパでは、電気冷蔵庫をつくっている弱電メーカーは電気冷蔵庫しかつくらない。ラジオをつくっているやつはラジオ。競争しないんです。その背景には、真似しちゃ悪いという概念があるんじゃないですか。つまり、同じパターンの製品を出すことは恥だという。これが阻害しているんですよ。

そういう意味では日本はマスプロダクション時代に合った体質を持っている。けれども、そこには個人主義、つまり個人の尊重とか独創というものへの高い評価とか、そういうものがないから平気でそういうことをやったんでしょう。

――労働者にとってはたまらんですね。長時間働かされ、賃金は競争で切り下げられ…。

根本 そう。生活的に言うと、われわれの賃金は上がったということになっていて、円高で比べるとたいていの国より高い給料をもらっていることになっているんだけど、メチャクチャに物価が高いですからね。パリで生活していたときは、肉でも魚でも一キロ単位で買っていました。ヒレ肉の一番いいところで一キロ三〇〇〇円以下ですから。マグロでもヒラメでも東京より全然安いですよ。それじゃ給料を二倍もらっているかというと、もらっていない。そのうえ、土地高のために家とか家賃とかローンが高い。

公教育はタダ

ぼくがぜひ強調しておきたいのは、ヨーロッパの国の多くは公教育がタダだということです。ぼくは、子どものために月謝を払ったことはなかった。娘は大学一年まで向こうにいましたけど、月謝って一回も払ったことなかった。大学に入るときも五〇〇〇円ぐらいの登録料だけです。遠足に行くとき三〇フランとか、それは払いましたけど、それ以外に払ったことないです。

――教材は？

根本 教材は、小学生のときはタダのものを繰り返し使うんです。古い本を使う。だからすごいですよ。教科書の端を折ったりすると殴られるんです。それは次の年に使うから。そういうところはものすごくケチです。

中学生からは教材が変わりますから、それは買いますけど、これもそれ専門の古本屋がありまして（笑い）。だから教育というのは原則的にタダなんです。たとえば住宅ローンを抱えて、子どもが三人いて、みんな私立学校へ行って、みんな塾へ行って、二倍、三倍の物価高で、何が豊かなんですか。スペインは給料は低いけど、われわれよりはるかに豊かな生活をしていますよ、食べ物とか。

それでもわれわれ人民はだれも反抗しない。そういう教育なんですよ。ノンとは言わない。

——そうですね。学校で生徒が不満をもらしても、それは言葉のうえでは説得、じつは処分という形で押さえ込んでしまう。

根本　日本の子どもはほんと、かわいそうですね。たとえばだれかがバイクで死ぬと高校ではバイク禁止だとか、何かあると途端に「禁止」でしょう。そりゃ、糞もせず屁もひらずというのが一番安全だけど、それじゃ生きていることにならないでしょう。

小人数教育のための運動を

それから、フランスの小学校は二五人を越えると一クラス新設するんです。それは決まっているんだから。三〇人以上のクラスなんかないです。そしてさっき言ったように、校長が全生徒のファースト・ネームを記憶して、癖まで知っています。ぼくの長男は非常に引っ込み思案というか内気というか、内にこもる性質なんですね。預けて三、四カ月して学校へ行ったら、「あなたは塾とかなんとか言っていたが、その心配はない。しかしあなたの息子はランフェルメだ。その点は自分は気にしている」と言われました。ランフェルメというのは、閉ざされたというような意味なんです。外国人の子どもを預かって三カ月ぐらいで、その的確さ。一人ずつ把握してくれている。うれしかったですね。日本の学校でそんなこと言われたことないですよ。

そのためにこそ、子どものために人数の少ない学級が必要なんだ、おれたちは献身するんだ、外国ではそうやっているんだ、という主張をしていただきたいですね。つまり、自分たちの労働時間云々——ほんとはそうでもいいんだけど——というんじゃなくて。いまは四〇人とか五〇人とか預けられて、中学でも高校でも全校で千何百人とか、二千人とか、おかしいじゃないか、そういう議論をしていただきたい。

——今日は、どうもありがとうございました。

フランス人気質とフランス文化

ガラスのピラミッドでリメイクなったルーブル美術館の一角で、国宝・法隆寺の百済観音の優美な姿を拝し、東京・お台場では茶髪の若者に混じって、イリュミネートされたレインボーブリッジと向き合う「自由の女神」を仰いだ（いずれも、政府間レベルの日仏文化交流のメイン・イヴェント）。年配の人なら誰でも知っている「フランスへ行きたしと思えどもフランスはあまりに遠し……」という有名な詩句も、いまの若者には想像も困難な遠い昔話だろう。

知人の国際的な社会学者、エドガー・モラン夫妻に連れられてパリの裏町のレストランでクスクス料理を食べたら、店主が日本語のグルメ雑誌を持ってきた。「砂漠のバラ」というこのレストランがきれいな店内風景とニコニコ顔の店主の写真入りで紹介されている。グルメやファッションの店、凝ったみやげ物店などが載っているパリ地図を片手に気軽に徘徊する老若男女の日本人観光客をよく見かける。パリを歩くのも京都や大阪を観光すると何ら変わらない、といった風情である。だがこうした往来によって、日本とフランスとの距離が心理的ににわかに縮まったわけではない。

世の中が便利になり、皮相で表面的なパリやフランスに関する情報・知識が広まれば広まるほど、フランス人気質やフランス文化の本質を理解しようという意欲が日本の若者の間でかえって減退する現象が見られるからだ。精神的・文化的にフランスはいぜん、「あまりにも遠い、もっと知っていい国」だといっても過言ではあるまい。

よく言われることだが、フランス人には理屈っぽい個人主義者が多い。はっきりものを言わず、相手の気持ちを察して行動する情緒的で集団主義的なわれわれ日本人とはあべこべで、彼らは理論癖がめっぽう強い。ひとの意見に異を唱えるのが会話の始まりで、何かというと侃々諤々の議論を戦わせる。われわれ日本人が内心、違う意見を抱いていてもそれを抑えてその場の空気に合わせて譲歩し、「和」を作りだそうとするのと対照的。この国では皆と同じという人間は軽蔑され、理屈を貫き相手を説得する人間が評価される。「フランスは素晴らしい国だ。そこにフランス人さえ住んでいなければ……」という辛辣なジョークには、理屈っぽすぎるフランス人気質に辟易した他国人のいつわらざる実感がこもっているようだ。

パリで暮らしていたころ、こんな広告をみたことがある。炊いたお米を掌からこぼすとパラパラと卓上に積もってきれいな円錐ができる。「ご覧のように南仏のカマルグ米は粘らない、べたつかない。だから美味しいお米です云々……。」日本では、逆に適当に粘りがあって、くっつき合うお米が美味しいご飯である。彼我のお米に対するこの趣向の違いに、自己主張と個性が尊重される社会と、「出る杭は打たれる」社会の鮮やかな対比をみる思いがした。

パリのカフェのテラスに座って自分の周囲や通行人を眺めると、彼らの「多様性」に気がつく。髪の毛が褐色、灰色、黒、そして金髪、目の色も碧眼、緑がかったの、茶色、灰青色、黒と千差万別、身長も二メートル近い大男から、われわれ日本人並み、いやさらに小柄な人までいる。フランス国籍をもちフランス語を喋るフランス人が、決してわれわれ日本人のような同質的な一人種でないことがよくわかる。フランスでは、景観も人間の精神も、人種も家々の屋根の色も、二六五種類もあるこの国のチーズ同様、実に多種多様なのである。フランスの人口は約五七〇〇万で日本の半分以下だが、その人種構成を見ると、そのお国柄はアメリカ同様、大変な「人種の坩堝」なのである。

先史時代には長頭で狩猟民族の地中海種族が、ついで長身、金髪の北方種族、さらに紀元前四〇〇〇年頃には短頭で農耕民族のアルプス種族がフランスにやってきた。このアルプス種族が他の種族と混じりあってケルト族の基層が形成される。前一世紀にはローマ人が、さらにゲルマン民族、スカンジナビア系のノルマン人が侵入し、フランス周辺部にはブルターニュ人、アルザス人、バスク人、カタロニヤ人が住みつき、近代に入るとスペイン人、イタリア人が、十八、十九両世紀にはポルトガル人やロシア人が移民し、さらに二十世紀後半には地中海の彼方のアラブ諸国からの大量の移民がフランスに定着し、大きな社会問題になった。フランス人はケルト人から極端な個人主義を、ローマ人からは法と形式秩序への愛着を、ノルマン人からは進取の気象を受け継いだと言われ、こうした人種的起源の多様さが、一筋縄では行かないフランス人気質の複雑性をもたらしたと言われている。

シーザーは、いまのフランス人の祖先であるゴール人について「彼らは勇敢なこともあるが、不服従、熱中しやすいがてんでバラバラ。目立たぬ努力をするよりも輝かしい業績を好み、集団的規律よりも個人としての功績を重視する」という言葉を残した。現代のフランス人も権威や規律に従うのが大の苦手で、気に入らなければたちまちデモ、ストに突入する。絶えず何かにコンテスタション（異議申し立て）していないと気がすまない性分なのだ。しかしその彼らが庶民から知識人まで一致して必死で擁護しようとする固定観念ともいうべき、二つのコンセンサスが存在する。それぞれ「自由」と「生きる喜び」という言葉で表現される信条である。いずれも彼らの日常生活に深く浸透した言葉で、酸素や水と同じように生活に不可欠なものとされ、そのいずれかが損なわれるとフランス人はいきり立ち、激しい抗議運動に乗り出すのである。

大道芸人をパリの街角から追い立てようとした警官たちを群衆が取り囲み、非難と投げ銭の嵐を浴びせて立ち往生させる光景を目撃したことがある。ミッテラン左翼政権時代に、政府が公約どおり宗教教育の公教育化を進めようとしたら、首都パリをはじめ全国の都市で「教育の自由を侵害するな」という父兄を中心とする大デモが起こり、多数派を誇る同政権が法案の撤回に追い込まれた。自由には右も左もない。「自由を守れ」という合い言葉は、この国ではしばしば「錦の御旗」の役割を演じ、社会を揺り動かすのである。

「自由」論議に熱中するフランス人は同時に、「生きる喜び」、そして「生活の質」という言葉を日常、よく口にする。田園生活が、あるいはオペラが「私の生きる喜び」といったり、騒音や排気ガスが問題になると「生活の質が目茶苦茶になった」と嘆いたりする。「生きる喜び」といっても決して抽象的な話ではない。ヴァカンス期に毎年「民族の大移動」騒ぎで全国がごった返すのも、音楽会やオペラ、芝居、展覧会で芸術文化に熱中するのも、「生きる喜び」の追求がフランス人の掛けがえのない生き甲斐になっているからだ。水道や暖房の故障ぐらいなら、他人に頼まずにブリコーラージュ（素人大工）で直してしまうのも、ケチで締まり屋だからというより、日々の暮らしの「生活の質」をこよなく大切にするフランス人気質の表れといえよう。

国民気質とお国柄の間には、密接な相関関係がありそうだ。周知のように、日本が経済大国であるのに対して――ちかごろは、不況と金融崩壊でだいぶ自信を喪失した感が強いが――フランスは自他ともに許す文化大国として知られる国である。日本が戦後一貫して、モノとカネを追求する効率主義の道をひた走り、生活上の利便性、快適性をひたすら追い求めたのに対して、フランスは経済発展をめざしながらも、量的な満足だけでなく、市民の「生活の質」の充実につとめ、究極の「生きる喜び」ともいえる芸術文化の振興にも努力を惜しまなかった。

ポンピドー大統領がパリ郊外地区を中心に超高層化政策を推進すると、次のジスカールデスタン大統領は「緑のパリ」を唱えて開発にブレーキをかける。この国では開発がいっきょに乱開発に暴走することはあり得ないのである。市民も「生活の質」に敏感で、政府や市当局の計画にしばしば激しい抗議を浴びせる。ルーブル美術館中庭のガラスのピラミンド建設が発表になると、パリ市を二分する激しい賛否両論が繰り広げられた。当時市長だったシラク氏（現大統領）は、巨大なクレーンで鋼索をピラミッドと同じ一九メートルの高さまでつり上げる実験を行ない、「景観を損なわない」、と必死で反対派市民の説得を試みたほどである。

フランソワ一世、ルイ十四世、ナポレオン一世、同三世――この国の権力者には、芸術文化の偉大な擁護者だった人物が多い。戦後フランスを再建した英雄、ドゴール将軍もその一人。一九五八年に現在の第五共和制を樹立すると早速、大作家のアンドレ・マルローを副首相格の文化大臣に任命して、フランスの文化的威信を高めることに腐心した。国家主導型のこのドゴール文化路線を継承し、いっそう拡大・強化したのは、二期十四年の長期にわたってフランスを統治したミッテラン大統領である。一九八一年五月、戦後初の社会党中心の左翼政権を樹立すると、ミッテラン大統領は秘蔵っ子の青年政治家、ジャック・ラング氏を文化相に抜擢、最悪の政治危機に直面しながら文化省予算をそれまでの国家予算の〇・四八％の三〇億フランから、同〇・七五％、四五億フランに大幅増額した。大統領は「文化は社会主義の重要戦略」と主張。ラング文化相は若者人気ナンバーワンの閣僚として、舞台芸術、現代美術、映画からロックミュージック、さらにマンガ、劇画にいたる幅広い強力な文化政策をおしすすめた。「文化は明日の産業」というスローガンを掲げて「文化は〝カネ喰い虫〟といわれるが、実は二十一世紀のフランスに産業振興をもたらす金の卵なのだ」と説いて回ったのだ。文化省予算はその後も伸び続け、八五年度は国家予算の〇・八六％（二二〇〇億円）、八六年には〇・九六％（二八〇〇億円）になり、現在も国家予算の一・〇一％の高い水準を維持している。

深刻な不況と失業に直面すれば、どの国の政府も、文化や福祉の予算をカットするのがふつうだが、当時のミッテラン政権は文化予算倍増という型破りな行動に出たわけで、他の先進諸国をおどろかせたのである。しかし、フランス国民は、芸術創造の奨励、文化の地方分権の確立、文化財の修復強化、文化の経済化、さらに世界におけるフランスの文化的プレゼンスの強化などを基本方針とした政府の文化政策を、強く支持する姿勢を示した。八四年度の世論調査によると、ミッテラン

―ラングの文化政策はフランス人全体の四七％の賛成、ことに二十五歳以下の青年層では六九％という圧倒的支持を獲得している。経済政策では試行錯誤を繰り返したミッテラン政権の治世で合格点を獲得したのは文化だけだ、という見方さえあるくらいだ。

大統領がミッテランからシラックに代わってもこの文化政策は継承・維持されている。不況だ、失業の増大だといっても、この国では保守党から共産党まで、どの政党も文化政策の維持・強化を政治スローガンに掲げており、「文化予算カット」を口にする政治家はひとりもいない。フランスは「政治の国」で、いつも多事争論、政争が絶えない国だが、しっかりした国民的コンセンサスが出来上がっていてほとんど変動がないのが、独自の核戦力政策と他に例を見ない充実した文化政策なのだ。①芸術家の創造の自由の保障、②市民大衆の文化へのアクセスをはかる、③芸術文化の地方分権の確立、――この三つのはっきりした理念が、フランスの文化政策の基本なのである。

唯一の原爆被爆国の国民としてわれわれ日本人はフランスの核戦力堅持には批判的だが、政権が革新から保守に、またその逆に変わっても、一貫して強力な文化振興を国是とするフランスの行き方には敬意を表さなければなるまい。

ちなみにわが国の文化庁予算は九〇九億円で国家予算の〇・一一％（二〇〇一年度）。しかもその四分の三は文化財の修理・保護に当てられ、現代の芸術創造に対する支援はあらゆるジャンルを含めても二〇〇億円たらずである。たしかに七五〇〇億円に達する地方公共団体の公的文化支出が存在する。しかし、同じく数千億円の規模をもつフランスの地方の文化支出が充実した芸術文化の催しそのものに投入されているのに対し、日本の地方文化予算の大半は多目的文化施設の建設費に当てられている大きな違いがある。ハコ、建物は立ったが肝心の自主企画の催しが少なく、地域の芸術文化発展が思うようにすすまないという状況に直面している。わが国では、国の文化政策が明確でなく、国民の間にも芸術文化の振興を求める国民的コンセンサスが形成されているとはいいがたい。国、地方が巨額な文化予算を投入するフランスの国民総生産（GNP）が日本の三分の一程度の過ぎないことを考えると、文化大国フランスと、世界第二の経済大国でありながら「文化小国」であり続ける日本という、国のあり方の基本的な違いが鮮やかに浮かび上がってくる。

日本では芸術文化の問題で首相や政党指導者が直接発言する光景は見られない。芸術文化がテレビ・新聞のトップニュースになることは皆無に近い。だが、文化大国フランスでは、最高権力者である大統領が文化政策について言及し、国の代表的な文化施設の建設・改修に大統領自身が直接介入するケースが目立つ。

ドゴール将軍が、三顧の礼を尽くして大作家アンドレ・マルローを文化相に迎えた話はすでに紹介した。マルロー氏はパリのノートルダム大寺院をはじめ全国の歴史的建築を洗い直す作業をすすめフランスの都市景観を一変させるとともに、全国各地に「文化の家」のネットワークを作り、すぐれた芸術文化を大都市以外の地域に普及させ、その後のフランスの文化路線の軌道を定めた。救国の英雄だったドゴール将軍自身は巨大な文化施設をのこさなかったが、次のポンピドー大統領はモダンアートの愛好家で、その遺志にもとづいて建設された近代美術の殿堂は「国立ポンピドー・センター」と名付けられた。その後を襲ったジスカールデスカン大統領時代には、セーヌ河畔の鉄道の終着駅が改装され、十九世紀芸術を一堂に集めるオルセー美術館に生まれ変わった。一九八一年に左翼政権を樹立したミッテラン大統領になると、モニュメンタルな施設作りに拍車がかかる。大統領自らの陣頭指揮で、ルーブル大改修とガラスのピラミッド建設、ラ・グランド・アルシェ（新凱旋門）、アラブ世界研究所、バスチーユの第二オペラ座、新国立図書館、と矢継ぎ早に巨大文化施設の建設に乗り出し、パリの面目を一新させたのである。建設の過程ではしばしば、世論を二分するかまびすしい賛否両論が起こったが、全てが完成した現在、これらの巨大施設はいずれもパリの新名所として、市民はもちろん、パリを訪れるフランス人、海外のツーリストに広く親しまれ、人気を博しているようだ。

ＥＵの拡大、域内共通通貨の流通によって、独自の文化的プレゼンスを誇ってきたフランス人も、こんごは「ヨーロッパ人」としての新たな適応を迫られることになるに違いない。ヨーロッパの経済の中心はいよいよドイツに傾くだろうし、フランスの政治力、外交力がしだいに後退することも懸念されよう。しかし、二十一世紀のヨーロッパの文化の中心はどこかと考えると、フランスの新たな役割が浮上してくる。歴代大統領、ことにミッテラン時代にすすめられた新たな巨大文化施設群が完成したパリは今日すでに、「ヨーロッパの文化首都」としての偉容と機能を誇り、ヨーロッパはもちろん世界の注目を浴びているからだ。

「生活の質」と「生きる喜び」に執着するフランス人気質がおとろえず、芸術文化の振興を願う国民的コンセンサスが存続するかぎり、ヨーロッパ統合の深化・拡大がいかにすすんでも、フランスはこんごもユニークな「文化大国」の道を歩み続けるに違いない。

それでもやはり、フランス万歳！

冒頭、根本がこう切り出した。「インタビュ開始に先立ってまず、私が貴方におたずねしたい。なぜ、外国人ジャーナリストに訊くというアイデアを持たれたのですか。誰でも、フランス人は自分自身のことにしか関心をもたない、エゴセントリックだというイメージを持っています。私は七年前からパリに滞在し、ラジオやテレビのインタビュを受けたが、日本について語るのがつねだった。私がフランスやフランス人について考えていることを訊かれるのは、今度が初めてです。とてもびっくりしているわけです！」

――私も、貴方がおどろかれたことにびっくりしてます。急いでお答えしましょう。だってこれから質問するのは私ですからね！　私自身、長年、テレビのイタリア特派員をつとめ、二年ほど前にフランスに戻ってきて自分の国が変わったことに気づいたのです。メンタリティーや人間関係でかなり多くのことが変化したことに気づいたのです。そこで次のような質問が胸に浮かんだのです。外国人ジャーナリストたちはいま、フランスやフランス人についてどのようなイメージを抱いているのだろうか?、という問題です。ですから、これが私が貴方にお聞きしたい質問です。

根本 その点について、私の助手（カロリーヌ・ポステルヴィネー夫人）が千人の日本の若者を対象に日本で行なった調査の結果を、貴方に紹介したいと思う。同調査のタイトルは、「日本の若者たちは、諸外国をどう認識しているのか？」というものです。その質問事項のひとつは、次のようなものでした。「ヨーロッパという言葉から、貴方はどの国を連想しますか？」。これに対して四八％がフランスとこたえ、英国、ドイツとこたえたのは、それぞれ三九％、九％でした。少なくともこのアンケートではフランスが一位だったわけです。しかしながら日本近代史に特に強い影響を及ぼしてきたのは英国で、ことにビジネス精神の影響は際だっています。フランスはいつも英国の後塵を拝してきました。ですから、このアンケートで、日本の若者がフランスに大きな関心を示したのは、とても興味深いことです。だがこの関心は、ことに文化と芸術に関する関心だと思います。だから文化や美に関するかぎり、日本の西欧化は結局、「フランス化」だったのです、これで、この調査での若者の回答の説明がつくと思います。

――しかし、日本の若者たちのこの反応をもっと明確に説明するとどうなりますか？

根本 近現代の戦争や紛争における日本の西側の敵は、要するに合衆国と英国だったのです。フランスとは紛争の種がなかった。そればかりかフランスの文化的業績は、日本人のこころに深い影響をおよぼした。印象派の絵画、ピカソやマチスのような画家たちは賛美され、礼賛されさえしたのです。フランス文学もわれわれに大変大きな影響をおよぼした。私は十四、五歳で、アンドレ・ジッドの全集、それからサルトルやカミュを読んだ…。フランスはわれわれにとって、解放と自由の象徴だったのです。一九四五年の敗戦まで、日本は封建主義に近い、かなり全体主義的な精神に支配されてきました。敗戦が訪れると、フランスは自由と個人主義を体現する国のように見えたのです。今はちょっと変わりましたが…。

――フランスは…のように見えた」と言われましたね。どういうことですか。

根本　フランスにおける自由の考え方は、多くの問題をはらんでいます。外国から見たフランスについての観念と、この国に来て生活するようになって発見する現実は、まったく異なるふたつの事柄なのです。たとえば、遠くにあって次のような言葉、自由、平等、博愛を思い浮かべます。そしてこの標語通り、フランスではすべてがうまく行っていると思いこみます。だが来てみると事実はとても違うのです。

――どういう点が？

根本　たとえば平等。日本人の大多数は、フランスといえば世界でも平等主義の最先端を行く国だと信じています。ところがここに来て暮らしてみると、様々な差異化、途方もなく大きい賃金格差、生活様式もたくさんある事実に驚かされます。社会階級がきわだって重層化している。日本は違います。日本人は「村落的な」共同体精神を持っている。賃金格差ははるかに少なく、金持ちも自分の富をひけらかしたりしない。しかしながら、フランスの生活スタイルにも優れた点がたくさんある。たとえばヴァカンスです。日本の中小企業で働く人たちは、なかなか有給休暇がとれない。この現象は、法律で二十二日の有給休暇が定められているにもかかわらず、大企業でもみられます。

――何故ですか？

根本　説明がむずかしいですね。言葉で表現しにくい何かがあるんです。連帯という形はあるんですが、この言葉がもつ西欧流の意味とは必ずしもおなじではない。同僚と運命を共にする精神、グループ精神、自分がはたらく会社が繁栄するのを見たいという願望ですね。会社のために好んで自己犠牲を行なうんてす。

――国際競争に挑む愛国心の作用はありませんか？

根本　いや、むしろアジア諸国に存在する「家の観念」と結びついているのではないでしょうか？儒教思想の影響です。アジアの国々の社会は集団（グループ）を重視しがちで、個人主義思想はあまり発達しませんでした。最初のグループは家で、続いて村、町、国の順です。

おかしな話かも知れませんが、フランスの有給休暇の現象を企業に存在するきびしい、強固とした階層性によって説明できそうです。だからこそ、その償いとして平等主義的原則、この場合には有給休暇を導入したのです。階層制度を和らげる中和作用としてです。日本の状況は正反対です。いっけん、きわめて平等社会であり、それが非常に隠微な階層制度を押し隠しています。日本にも当然、特権階級は存在し、優位にあるわけです。この種の正反対で、直ちに理解することが困難な状況や行動がたくさんあります。実は日仏両国は非常に相異なる文明なのです。フランスの様々な原則を日本に輸入することは、その逆を行うことと同様、想像困難なのです。さきごろ仏経団連会長は大企業における日本的効率のよさを認めましたが、フランスの労働者はそのようなやり方で働くことは断じて認めない、と付言しています。私にとって重要なのは、社会の様々な構造の違いにもかかわらず理解し合うことなのです。

――そういう理解は存在すると思いますか？

根本　いいえ、とても難しいことです。フランスの若者たちが日本に関心を抱いていますが、その多くは日本で作られるさまざまなガジェット（新奇な製品）を通じてです。それだけでなく、フランス人が自己中心的なメンタリティを抱いていると言う事実もあります。その歴史を通じてフランスはいつも自分が世界の中心であると信じ込んできました。極東で起こる出来事にはあまり注意を払わずに来たのです。しかし今や状況がちょっと変わってきました。

——どんな風にですか?

根本　経済や技術の領域で日本は明らかにフランスより進んでいます。急にフランス人たちは、どうしてこのような日本の成果が可能になったのか理解しようとつとめ始めたのです。私がフランスの新聞解説を読んだ限りでは、クリッシェ（陳腐な決まり文句）、誤解さえたくさんありました。最近、『エスプリ』誌で日本における女性の条件に関する記事を読みました。日本では、女性たちは夫に叩かれると書かれているのです。たしかに戦前の日本ではそうでした。だが当時はヨーロッパでもそういうことがあった筈です！　このケースの場合、この記事は明らかに西欧フェミニズムの観点から書かれており、日本に対してアプリオリに否定的だったのです。

経済、技術における現在の日本の躍進は、ここ数十年のあいだになされた絶えざる努力によるものですが、その間、先進諸国に追いつくべくそれら諸国を模倣し、コピーしてきたのです。十九世紀のあいだ中、日本人は同様にヨーロッパに対して絶大な憧憬を抱いてきました。批判なき絶賛でした。劣等コンプレックスを押し隠して、すべてを受け入れてきたのです。しかし、経済・技術の領域における日本の成功がこれほど速やかに実現し、これほど早く西欧を追い越すとは、考えていなかったのです。その結果、伝統的な劣等コンプレクスから解放されたと思いこんだ愚かな人々がこれまでの態度を変え、今日、思い上がった傲慢な態度を取るようになりました。

——貴方がフランスでもっとも驚いたことは？

根本　まず否定的な側面から始めます。それから肯定的側面についてお話したい…。

——どうぞ。

根本　フランスにやって来て、驚いたのはメンタリティーの違いです。フランス人があまりにもデカルト流の論理好きで断定的だと知ったこと。マル1、マル2、マル3…と言った具合に。つまり、推論の前提が間違っていれば、結果はひどいことになり、必然的に間違いになる。日本人はずっと現実主義者です。彼らは原則より努力を先にします。出発点で理屈っぽくメジャーな概念を立てたりせず、行き当たりばったりに何かを作り出そうとする。フランスでは、出発点でさかんに議論をし、なんとか結論に達しようとします。

私も、フランス人の方が日本人より発明家気質がつよく、ずっと天才的だと思いますが、自分たちの発明を実用化する段になると必ずもたもたしてしまう。たぶん資本家たちが保守的すぎることもその一因でしょうが、あえて言えば、応用精神に欠けるところがあるのではないか。

だが、ものごとには派生する結果がついて回ります！私がよく考えるのは、はっきりした「イエスとノーの間」に関してですが、こうしたフランス式メンタリティーは本当に現実に近いのかどうかということです。日本人のメンタリティでは、きっぱりノーというのは難しい。とても忙しくても、貴方にこのインタビュを頼まれると、私は本能的にイエスと言ってしまう。

しかしこのイエスには多くの留保がついていて、日本人なら、答えは実にネガティヴなのだと分かってくれます！　つまり、日本語でははっきりしたイエスとノーの間に、感情のニュアンスのとても広い領域があるのです。フランスでは、会話ははっきりした黒白の二分法にもとづいて繰り広げられるのですが、日本では一種の「灰色の」領域ですすむのです。フランスでは、何とかして事柄がポジティヴなのかネガティヴなのかハッキリさせようとして、その結果、果てしない長い論議になりがちです。ところが日本人のメンタリティーでは、人間が暮らしている天国でも地獄でもない。人間社会や日常生活では、多くの問題が解決を見いだすのは先にお話ししたあの「灰色の」領域だと思っているのです。断定をさけるのです。

同様な差異は、序列やスタンダードのシステムでも見られます。日本における標準のスタンダードはかなり高い。大衆の知識水準はフランスより上です。ですが、こちらにはグランド・ゼコール出身の超知性派の知識人が存在します。これらの人たちは、デカルト流の分析精神とともにパスカルの繊細な精神を備えているのです。彼らは国際会議で大変強力で、この点で日本人をはるかに凌駕しています。彼らはその養成過程からして強靭かつ繊細な性格の持ち主なのです。日本の社会の「上層部」には、このような超頭脳が欠けているのです。しかしすでに申し上げたように、中流階級全体の知識水準はフランスより日本の方が優れています。

日本では、標準化されよく訓練された、膨大かつ密度の高い大衆が発達した。そこには同質性が目立ちます。すなわち日本人の九五％が中産階級に所属するという感情を抱いているのです。これは明らかにわが国の経済・技術上の成功の一つの要因だったのです。フランスではあの傑出したエリートたちが私が説明した社会の「上層部」にいるのですが、中産階級全体は育成不十分です。この階級は、たぶん社会への帰属感が薄いためか、責任感に欠けているのが目立ちます。そのせいでしょうか、彼らは働きたがらず、管理職の人しか働かないのは？

——貴方はフランスの中産階級に手厳しい！

根本　そうですね。だが日本の状況では、天才や創造的な人が自らを表現しにくい。

——他にも、ネガティヴだと思うフランス生活の側面がありますか？

根本　あります。私の個人的ケースに関する話ですが。私はフランス文明・文学を専攻した理由の一つは、自分の家族に対してはっきり距離を取りたいと思ったからです。大人になったら自由になりたいと強く願っていたからで、フランスは私にとって礼賛の対象であり、あの自由の精神の具体化そのものだったのです。つまり、自らを解放するために、私は勉強に励んだのです。一九四五年、敗戦直後の話です。私の父は料理店の店主で、やさしい人でしたが当時の他の親たち同様、とても権威主義的でした。そこで、彼の意思に反して、私は料理店の跡継ぎになりたくなかったのです。そういう訳で、私は自由の精神を見いだそうと、フランス文学に向かいました。この自由の精神は今日でも、人類全体にとって貴重なものでありつづけています。西欧伝統の個人主義も同様に貴重です。私は今日でもそう考えていますが、フランスに来てからは自由の観念や個人主義を大量生産社会に適応させる必要があると思うようになりました。昔のように暮らすことはできないからです。

そればかりか、フランスの地位もかつてと同じではありません。フランス大革命のような歴史的大事件は、全世界を震撼させました。一九六八年の五月危機はアジアの国々でも大きな反響を呼びました。当時でも、フランス人はフランスの枠を超えた提案すべきものを持っている、と誰もが感じていたのです。しかし今日、フランス人は自閉的になっています。私はフランスの自由の観念を今でも高く評価していますが、フランスは今や、世界的関心をかきたて、動員するような新しい何かを見いだすべきなのです。既得権益にしがみつく現在のプチブル個人主義の態度では、フランスが何か新しいものを世界にもたらすことはできないでしょう。

日本に帰ると、私はいつも日本の社会を批判してきました。その社会はあまりにも組織化されすぎており、個人の開花を妨げるグループ精神、「グルーピスム」に支配され過ぎているからです。しかし、逆にフランスで暮らしていると、何かほかのものが必要だと痛感せざるを得ません、つまり、日本流の「グルーピスム」に影響されない、より穏健な個人主義にもとづく何か新しい精神が必要なのです。

——では、ポジティヴな側面の話に移りましょうか？

根本　今日の日本社会はたった一つの価値、効率にもとづいています。すべてが効率の犠牲にされるのです。生産にはとても有効ですが、人はパンのみに生きるにあらず！　この点では、フランスは実に均衡のよく取れた国です。伝統的なものの多くがとても生き生きとした形で残されています。一般に信じられているのとは逆で、日本ではそうではありません。均衡の取れた国、フランスでは単一目的への暴走は抑制されます。きわめて健全なことです。この点では、フランスに日本を真似てもらいたくない。ポジティブな側面をもう一つあげれば、危機のさなかにフランスが文化省に大きな予算を認めたことです。日本では危機の時代に、ルーブル美術館の近代化や第二オペラ座建設のためにおびただしいカネが投入されるようなことは起こりえない。フランスにおける、文化に関するいっさいのことに対する愛や関心は素晴らしいと思います。

フランスで私が好きなさらにもう一つの側面は、パリでさえ生活のリズムがゆったりしている点です。東京の暮らしに比べて、パリの生活リズムはずっとゆったりしています。よろしければ、日本人訪問客に私がよくいう文学的表現を引用させて頂きたい。「ここ（パリ）では、流れる時間が目に見えるんですよ」というんです。本当にわれわれには驚きなんですよ。公園や庭園で一日中、本を読んだり、日光浴をしている人を見かけるのは。日本では滅多にないことなのです。

——一般的にいって、フランス人の生活の質をどう考えられますか。

根本　食べ物についていえば、日本人の食物消費量はずっと少ない。ところがここでは、外食のディナーはとても長く、圧倒的な量で結局、胃を壊してしまう！　生活の質という話なら、パリ地区の住居問題はとても深刻です。だが、一般的にフランス人の暮らしはむしろよいと思います。もっとも、フランスのある大蔵大臣は、フランス人は稼ぎ以上の暮らしをしているといっていますが！

——フランスの政治をどう思われますか？

根本　社会党統治の三年で、事態は大きく変化しました。かつては左翼と保守の間の違いがはっきりしていた。しかし現在の体制は社会党ですが、むしろ社会民主主義に似ている。私は、左翼と保守の区別はしだいに曖昧になっていくという印象を持っています。明らかに、フランスは完全な民主主義体制下にあると思います。たとえばミッテラン氏が望んだ教育改革です。この改革に反対して大規模なデモが起こると、彼は文部大臣を更迭し、ある意味では首相も変えざるを得なかったのです。これは、絶対多数派であっても、人民の抵抗に逢えばそれに対応せざるを得ないことを示しています。これはとてもいいことです。管理国家の日本では、こうしたことは起こらない。日本の民主主義は西欧流とは違うのです。日本の政治家は選挙のたびにたくさんのお金を使います。しかし、結果が決まれば、人民の不満がどんなに高まろうと次の選挙まで何も変わりません。フランスで行われている民主主義の実態は、自由や個人主義の諸概念と深く結びついています。大革命以来続いているひとつの伝統なのでしょう。

私はこうした政治活動には、ポジティヴ、ネガティヴ両方の面があると思います。人民は政府が実現しようとすることに素早く反応します。ある意味では健全なことですが、それが発展にブレーキをかけることもあるのではないでしょうか。

——フランス人の長所と欠点はどうでしょうか?

根本　フランスで見いだす最大の長所は、生活の質の高さです。この生活の質の高さがもっともよく示されているのは料理です。だが、世界中がフランス人のように食べることができると想像するのは、とても考えられません。

——良きにつけ悪しきにつけ、フランス人の行動で貴方が一番驚かれたことは?

根本　最近、数日間ベルリンに行ってきましたが、そこで出会った人びとのホスピタリティと親切さに驚きました。こころの籠もった歓迎を受けたからです。私の話し相手も私も、怪しげな英語で意思表明するという言葉の問題があったにもかかわらず、です。貴方もご承知のようにイタリアでもそうですね。ところがフランスでこのようなホスピタリティの精神に出会うことは、きわめて稀です。話の蒸し返しになりますが、これは個人主義と関係があります。批判の部分で述べたフランス人の自己中心主義の問題です。それだけではなく、いつも魅力の中心であった国の、ある種の伝統とも結びついていました。これは私だけの偏見ではありません。フランスの近隣の西欧諸国でも、フランス人は冷たいとよくいわれます。フランス人が個人主義精神を維持しつつ、もっと慇懃だったらと思わざるを得ません。

――哲学とか宗教とか、精神の問題の話を続けましょう…。

根本　日本では、西欧の風俗習慣を多少は承知している知識人でも、一部の血なまぐさい宗教画のイメージにはなかなか馴染めません。十字架のシーンやそれにつきものの詳細な残酷描写は、アジアの神の概念とはあまりにかけ離れています。一神教の神はしばしば、憤怒と罰の神です。これは日本とはとても違います。私はフランスで、多くの老婆が教会で跪く光景を見ました。これは、世界中どこでも宗教感覚が衰退しているにもかかわらず、非常に深く宗教を信ずる人がいることを示すものです。日本では、それが仏教の欠点なのですが、人びとが祈るのは、成功や金儲けのためです。野蛮で卑俗なことだと思います。西欧では、教会でもっぱら自分たちの魂の救済のために祈る人びとをよく見かけます！

この点からみて、こちらでは人びとはドグマにずっと近いところにいます。原罪の問題もあります。日本では、それは存在しません。西欧からわれわれは実に多くのものを輸入しました。しかし、十九世紀に払われた多大な努力にもかかわらず、キリスト教は挫折に直面したと言わざるを得ません。部分的には、日本政府がキリスト教に敵対的な態度をとったことによるでしょうが、主な理由はキリスト教が人口のごく一部、四〇万人しか浸透しなかった事実にあります。日本では、原罪は理解困難な問題です。例のアダムとイヴの「追放」も、恐るべき処罰なのです！　それればかりか、とても矛盾しているように見えるのです。

人間を自らのイメージにもとづいて創造した、その神が、続いて人間を罰し、天国から追放するのですから！　そして神は、人間に労働を課して罰するのです！　したがって労働は、そもそも世界の初めから何かつらいものになりました！　誰もがそこから逃れようとする刑罰にほかなりません。しかし日本人のメンタリティーでは、労働は恩恵なのです。それによって、他者たちと出会い、共同して何事かを成し遂げることができるからです。

――貴方の意見では、どのような人が同時代の偉大なフランス人なのでしょうか？

根本　サルトル、レイモン・アロン、ミシェル・フーコー、エドガー・モランに会う機会を得ましたし、モラン氏とは個人的に親しい関係にあります。現存の大勢のフランス知識人に会いましたが、サルトル、カミュの時代に比べると今日の状況はちょっと違うと言わざるを得ません。一九五〇年代、六〇年代の絶対的影響力を考えると、世界におけるフランスの文化的栄光は確実に低下したように見えます。

両国の間できわだって異なるもう一つの側面は、教育システムの中身です。日本では小学校から、連帯しなければならないこと、共同作業をすること、協調しなければならないことなど、ここフランスではとくに強調されないたくさんのことを教え込みます。日本ではまた、小学校教師が生徒に、平均的であること、他人を追い抜こうとせず、一番になろうとするなと説教するのです。このシステムは個人の開花を妨げるという意味で有害ですが、同時に日本社会の成果と結びつくよい面もあります。私は思うのですが、こうした束縛やグループ精神を緩和すべきでしょう。しかし、フランスでは逆の方向への行き過ぎが見られます。

「自由、平等、博愛」の標語と結びついた伝統は素晴らしいのですが、良かれ悪しかれ、フランスも二十一世紀の社会に適応してゆくことが必要でしょう。人口が増大し、資源には限りがあるからです。このような意味で、個人主義と集団主義の間で正しい均衡を見いだすことができれば、フランスは全世界で理想的なお手本になり得るでしょう。

ただしフランスには苛立たしい伝統も数々あります。エリゼ宮にゆくたびに呆れるのは、社会党政権下なのに燕尾服姿の守衛にお目にかかることです！　まだまだ、過度の形式主義が顕著です。社会の発展にもかかわらず、グランド・ゼコールのシステムに何ら変化がないことにも驚かざるを得ません。グランド・ゼコールは廃止されないし、根本的な改革を受けることもないのです。これは驚きです。この特権はどこから来るのか、と考えてもいいはずなのですが！　それどころか、六八年五月危機では、それほど知的水準が高いとは思えないソルボンヌの方が破壊されそうになったのです。

――貴方は、何がもっともフランスに欠けていると思いますか？

根本　西欧のジャーナリストたちが日本でルポルタージュをしようとすると、困難に出会うことを承知しています。日本にはまた、ある種の精神的閉鎖性があるからです。しかしながら、東京には外国人記者がさまざまな便宜の提供を受けることができる日本外国特派員協会があります。廉価なレストランさえあるのです。パリはゼロ。何もありません！　そればかりか、フランス語が完全にしゃべれないと記者活動をするのは不可能です。

——もし、フランスが存在しなかったら、世界的に何がもっとも不足することになるでしょうか？

根本　例の自由、平等、博愛と結びついた伝統です。フランスは、非常に貴重なものであるそうした価値のスポークスマンなのです。文化的見地からすれば、フランス人が注意深く護ってきた過去のいっさいがあります。文化の領域では、フランスがなければ、世界の様相は違っていたでしょう。

——日本に戻ったら、何が貴方にとって不足するのでしょうか？

根本　心理的、精神的に言ってフランスと日本のちょうど中間にある国があればいい。つまり、個人主義と諸自由の立場から言って日本より遙かに風通しがよく、フランスより効率のいい国があればいいのですが。

エピローグ

変貌するフランス、変わらぬ日本――二十一世紀のメセナと文化政策

「ベンヴェヌートよ。芸術家のあなた方に、どんな才能の持ち主であれ、いつも心にとめておいて欲しい、とても大切なことがひとつある。それは、あなた方だけでは、自分たちの才能を発揮できないし、あなた方の真価が世間で評価されるようになるのも、われわれがあなた方に提供するチャンスのおかげなのだ、ということである」

(フランソワ一世が、十六世紀のイタリアの金銀細工師で彫刻家だったベンヴェヌート・チェリーニに語った言葉、一五四五年)

「人間には自分自身も気づいていない偉大さが備わっている。芸術とはそれを認識させようとすることである」(アンドレ・マルロー)

一昨年の十二月、北フランスの中心都市、リールを訪れた。同市は翌二〇〇四年の欧州文化首都に指定されていて、その繰り上げ開会式に出席するためである。

開会式では、モーロワ元首相、ジャック・ラング元文化相、同市の市長であるオーブリ女史が一

年間つづく文化首都の相次いで、イヴェントへの抱負と期待を語り、続いて当時、現職の文化相だったアヤゴン氏が祝辞を述べ始めた。そのとき会場のあちこちでアンテルミタンの若者が立ち上がり、同氏が立っているひな壇めがけて殺到、警備員に羽交い締めにされて会場から引きずり出されるハップニングが起こった。

かれらの猛烈な非難と野次で、長身のアヤゴン氏が壇上で絶句し、しばし壇上で立ち往生する異常事態である。アヤゴン氏はパリ市の文化局員だったが、シラク大統領に抜擢され、ポンピドーセンター総裁に任命され、続いて文化相に抜擢された異色の人物。アヤゴン氏と知り合ったのは、彼がパリ市文化局員だった時代で、筆者が玉三郎と孝夫の歌舞伎パリ公演（一九八四年）など、日仏文化交流の仕事にたずさっていたころはよく顔を合わせ、大変お世話になった。旧知のアヤゴン氏が苦境にたったのでハラハラしたが流石はアヤゴン氏。騒ぎが収まると悪びれず堂々とスピーチを再開、満場の聴衆はその勇気と沈着ぶりに感銘を受け、盛大な拍手を送った。

アンテルミタンの反乱

文化大臣が満座のなかで野次り倒される光景を目撃して、日本にいてうわさを聞く程度だった「アンテルミタンの反乱」のはげしさ、問題の根深さをはじめて実感することができた。アンテルミタンとは、照明係、舞台装置の制作者、無名の若手俳優など、舞台公演を陰で支える臨時雇いの職人やアーチストの卵たちを指す言葉だ。国家予算の１％の公的資金を芸術支援に投入する文化大国フランスは、プロのアーチストばかりではなく、これらのアンテルミタンたちにも手厚い失業手当制度を適用して、彼らの生活を保障してきた。ところが全国の地方都市が競い合って大がかりな音楽祭や演劇祭を開催するようになると当初四万人だったアンテルミタン人口が十年間で一〇万人に膨れあがった。各地の文化イヴェントを取材報道するテレビ局やメディア会社が自社が使う臨時雇用者のためにこの制度を利用しはじめたのが、アンテルミタン急増の主な原因とみられている。政府はあわてて緊急対応策を検討し、結局、文化政策の最高責任者だったアヤゴン文化相（当時）が、アンテルミタンの失業手当大幅カットの改革案をとりまとめて公表する羽目になった。大物アーチストや知識人も芸術擁護の立場から、この決定に憤激したアンテルミタンたちを応援したので、各地で「アンテルミタンの反乱」と呼ばれるストや騒動が続発。二〇〇三年の夏期シーズンにはカンヌ映画祭、アヴィニョン演劇祭など国際的にも有名な大イヴェントが軒並み中止に追い込まれる空前の異常事態が生まれたのである。

この事件はフランスの観光事業に大打撃を与えたばかりでなく、文化大国フランスの国際的信用を失墜させた。リール市でのアヤゴン氏に対する激しい抗議運動はその大きな後続余震であり、二〇〇四年は政府・アンテルミタン間の一時的妥協成立で、カンヌ映画祭もアビニョン演劇祭もどうにか再会されたが、アンテルミタン問題の根本的解決からほど遠い状態だ。この事件を契機に、くすぶっていたマルロー以来の文化政策の「上からの文化の民主化」に対する批判が再燃、久し振りに白熱した文化政策論争が全国各地に広がり、文化関係者だけでなく、一般市民や世論の注目を集めるようになった。

たとえば、芸術創造を重視する立場から、文化省はこれまでコンテンポラリー・アートの作家をとくに優遇するとともに、その普及をめざして各地で大規模な現代美術展を開催してきたが、地方自治体の文化行政担当者は住民の無関心・反発を理由に、民意を無視した文化省の芸術至上主義をきびしく批判するようになった。アンテルミタンの失業手当はもちろん、プロのアーチストたちの生活保障すらまったくない日本の文化状況からいえば、フランスの手厚い芸術家擁護は過剰でぜいたく過ぎる、と文句をつけたくなるくらいだ。しかし、マルロー以来、滔々たる大河のように、半世紀近くのあいだ踏襲されてきたフランスのパワフルな文化政策がいま、大きな軌道修正を迫られていることは確か、といっても過言ではあるまい。

スーパーと同居の国立文化施設

冒頭のプローログでは、フランス南西部の大西洋沿岸の港湾都市、ナント市のめざましい「文化による街づくり」の話を中心に、ヨーロッパの周縁部でさかんな地方都市再生の実例を紹介した。ナントやリール、グラスゴー、ビルバオなどの周縁部や国境地帯の諸都市では、それぞれの地域のアイデンティティをにもとづく都市改造がすすみ、たがいに越境しあう都市同士の文化交流がさかんだ。これらの諸都市が二十一世紀の新しい文化創造のコアになって、EUの拡大・深化を促進する原動力になるのではないかという期待も高まっている。では、こうした周縁部の変化に対応して、各国の文化政策やメセナはどう変貌していくのだろうか。

文化大国フランスの強い影響を受けて一九九〇年に創設された日本の企業メセナ協議会は、フランスの文化政策やメセナ運動をモデルとして重視し、日本の風土に合った「文化立国」の方途をさまざまな角度から模索してきた。フランスの文化政策の変貌や軌道修正を、われわれは単なる「対岸の火事」として見過ごすわけにはいかない。「すぐれた芸術は不滅で不朽だ」といわれるが、芸術文化を支える文化政策やメセナは、時代の変化に応じて絶えず軌道修正を再構築を迫られるものだからだ。

日本の企業メセナ協議会はことし創立十五周年を迎える。協議会誕生は大きな社会的反響を呼び、世論からも歓迎されたが、バブル崩壊とその後の長びく不況で、協議会活動の発展はさまざまな困難に直面し、所期の成果をあげ得ない状況がつづいている。どうすれば行き詰まりを克服して、メセナ運動を再活性化できるか。会長の福原義春氏の相談を受けてあれこれ考えているところに、フランスから国際メセナ会議（二〇〇四年十一月十九、二十両日）の通知が舞い込んだ。ピレネ山麓のタルブ市の国立舞台「パルヴィス」で開催される会議に、筆者をパネリストとして参加してほしいという招待状が同封されていた。「百聞は一見に如かず」、伝えられるフランス文化政策の変貌を実地で観察するチャンスだと思ったが、「メセナのモデル」という作業部会で日本の状況を報告せよ、という注文に思わずひるんでしまう。芸術支援の伝統もしっかりした文化政策もない日本の文化状況を短い時間で、フランス人聴衆にどう説明したらよいのか、と不安になったからだ。われわれの依頼で三度も講師として来日した友人のジャン＝ルイ・ボナン・ナント市文化局長を携帯電話で呼び出して相談すると、彼もこの会議に参加するという。日仏双方の文化状況に通じているボナンさんが、困ったら「助け船」を出してくれると約束してくれたので、とにかくタルブに行ってみようと招待をお受けすることにした。

パリでボナンさんと落ち合い、七五〇キロ離れたピレネ山麓のタルブ市に飛んだ。美しいロマネスクのカテドラルを擁する静かな古都だが、オートピレネ県の県都で、エレクトロニクス機器生産や航空産業で知られる産業都市として知られる街だ。空港からタクシーでさっそく会場に向かう。快晴で、ピレネの山なみの白雪がまぶしかった。市の中心から七、八キロ離れた田園の一角にたつ国立舞台「パルヴィス」に到着して、思わず「あっ」と叫けびそうになった。国立舞台とはマルローが全国の主要都市に建設しようとした「文化の家」の流れをくむ国立文化施設である。とここが「パルヴィス」は巨大な郊外スーパー「ルクレール」の建物の一角におさまっているのだ！　しかもこの「同居」状態はすでに三十年も続いているという。日本なら美術館や劇場が百貨店やスーパーの一隅にあるのはめずらしくないが、文化大国フランスでれっきとした国立文化施設が商業ビルの一角におさまっているのは〝信じられない異風景〟なのだ。パリで新聞社の文化担当編集委員をしていたころ、ルーブルやオルセ美術館に所蔵作品の貸し出しを頼みに行ったが、展示場が百貨店内の美術館だというと、にべもなく断られた。どこでも、神聖かつ崇高な芸術作品を物を売る場所で展示するなんて、言語道断、と言わんばかりの扱いを受けた。だから、國と民間の双方から支援を受けながら三十年間もユニークな文化活動をつづけてきた「パルヴィス」のような国立文化施設がフランスに存在することに、心底、おどろいてしまう。「パルヴィス」はフランスにおけるメセナ運動の先駆けの役割を果たした国立施設だといえよう。その「パルヴィス」で、メセナ拡大を討議するするシンポジウムが開催されるのは、時代の流れをみごとに象徴する事件だ、と実感した次第である。

メセナはチャンスか、罠か

何百足ものスニカーやスポーツウエアーがならぶ広大な売り場を見ながら二階にあがると、そこが国立舞台「パルヴィス」で、入口にも、メイン会場のホール（座席数七〇〇）の舞台にも、巨大な赤いポスターが貼られていた。

「パルヴィス三十周年、二〇〇四年十一月十九&二十両日

メセナはチャンスか罠か？

国際シンポジウム

『文化への民間投資は警戒すべきなのか？』」

まるでメセナは悪者といわんばかりのタイトルにびっくりしたが、もちろん疑問符の連発は反語であって、シンポジウムのねらいは時代の変化に対応してメセナを大いに拡大しようというものだ、とすぐ推測できた。フランスは十六世紀（フランソワ一世）いらい、国が芸術文化を公的事業としてサポートしてきた伝統をもつ國である。したがって文化への民間投資というと、かならず市民や世論から根強い反発が起こる。シンポジウムの討議でも一方では、公共サーヴィスとして芸術文化を保障する問題と、他方では、収益性や市場法則といった民間のやり方の効率性とを、合わせて論議される予定だが、そういう問題の立て方自体にフランス人の多くは疑惑を抱きがちである。「芸術文化支援に民間資金が導入されたら、やがて國が芸術文化から手をひくのではないか」という不信感がつよいからだ。

総合司会をつとめる「パルヴィス」館長のマルク・ベリット氏も会議の冒頭で、この点に配慮し

て次のような趣旨説明を行った。「メセナは単に新しい資金源がふえるということなのか、あるいは、新しい社会的なパートナーたちが文化のためにより広い領域で行動する可能性が開かれることを意味するのか。そして、その結果、文化発展の新しい形が生まれ、こうした行動が地方分権の枠組みの中で、全国的によりつよく根づくようになるのだろうか？」

「ことに、パーフォーミング・アーツの公演はいっそう多様化し、さまざまな新しい場で（パブリック・スペースや野原、ニューテクノロジーの分野、消費の場所で）開催されるようになり、そうして新たな文化活動が誕生するに違いない。だが、その結果、どこまで公的資金でこうした活動をカバーすべきかどうか、を決まるのがいよいよ困難になるのは誰の目にも明らかではないだろうか？」

そう前置きしてベリット氏は、「このシンポジウムはこうした一連の問題にこたえるために組織されたものである。パルヴィスは、三十年来、官と民とが新しいパートナーとしてより大きな文化的展望をひらく道を模索してきた。芸術と演劇の現代的な諸潮流と、いまやわれわれの〝文化的環境〟ともいうべき大流通センターが出会った革新的な場所であり、シンポジウム会場として最適だと思う」と、フランスではめずらしい、「スーパーと文化施設の同居」というパルヴィスの存在意義を強調した。

二日間の討議は、五つの作業部会、(1)メセナの現状(2)フランス文化政策とメセナ(3)地方文化発展のためのメセナ(4)メセナ：外国のモデルは？(5)メセナと演劇創と、部会報告にもとづく全体会議で構成された。タルブ市長をはじめ、県や市の地方議員、さまざまな都市の文化局長レベル、アヤゴン前文化相や文化省高官、同元幹部、メセナ企業の代表、メセナや文化政策の大学教授、芸術家など三六人が会議に参加した。海外からのパネリストはブラジルのメセナ機関の代表、カナダの文化事業の責任者、スイスの統計研究家、それに筆者の四名である。

冒頭で紹介したアヤゴン前文化相は、在任中の置き土産である「文化活動に対する企業メセナ」新法——売上高の千分の五を上限として、寄付金額の六〇パーセントが税額控除される——の意義を強調し、メセナ拡大の楽観的な展望を明らかにした。しかし、著名な劇団の主宰者である演出家のジャック・ブラン氏は「そうはいっても、企業経営者で舞台創造を理解できるひとは一人もいないじゃないか」と反論。企業代表や自治体の文化担当者とのはげしい論戦がはじまった。官と民とがどのような基準、どのような割合で芸術支援を行なうべきかでも白熱した議論の応酬が続き、会場の聴衆との質疑応答も加わって緊張したやり取りが続く。だがさまざまな意見、異見が相次ぎ、口角泡を飛ばす論戦になっても、メセナ導入に真っ向から反対する人はいない。国家予算の一パーセントに相当する国の文化予算、その二倍以上に達する地方の公的資金が減らされるのではないかと警戒する意見はあいつだが、こんごの芸術文化支援で企業メセナが演ずる役割を否定する声は出なかった。二日間の討議を通じて実感したのは、國と地方の公的資金で芸術文化支援の九九パーセント以上をまかなってきたフランスで、ようやくメセナに関するコンセンサスが形成され、それにともなって、芸術性と創造性を二本の柱としたハイカルチャー中心の「上からの文化政策」が、個々の地方都市の住民の文化需要と地域の社会性を考慮する、より大衆性のつよい「文化の民主主義」を取り入れる方向にシフトしつつある事実である。マルローによる文化省創設（一九五九年）以来四十年以上も続いてきた“大文化政策”はどう変わって行くのだろうか。

アングロサクソンと比べて……

数ある問題提起のうちで、的確な分析と大胆な展望できわだっていたのは、元文化省文化財局長だったマリ・ド・サンプルジャン女史の発言だった。若き日にコンセルバトワールのピアノ一等賞に輝いた音楽家で、ソルボンヌの音楽学教授、週刊誌「ルポワン」の論説委員を歴任した大変な教養人で、『文化の統治』（ガリマール書店、二〇〇三年九月）という本も書いている。

フランス人のアングロサクソン嫌いは有名だが、彼女はあえてアングロサクソンを引き合いに出してこれまでの誇り高いフランスの文化政策をこう批判した。「大西洋両岸の二つのアングロサクソン国民は文化や芸術をプライヴェート生活にかかわるものと考えており、ナショナルな文化的使命を高らかに宣言したりしない。ところがフランスの文化大臣、マルローは、自国が『人類に知的で精神的な行動の手段と方法を提案する使命を帯びている』と高らかに宣言し、世界を駆けめぐって、ケネディ、フルシチョフ、毛沢東、ネルーなど当時の世界的指導者にフランスの特殊な世界的使命を説いて回った。ジャック・ラングも、フランス文化の普遍性を強調し、「文化は商品にあらず」と主張してガットなどさまざまな国際舞台で、真っ向からアメリカに挑戦した。英国やドイツの閣僚、あるいはアメリカの国務大臣でマルローやラングのように文化の問題で世界を駆け回ったひとはいない」。

フランス人にとってタブーともいえるアングロサクソンを持ち出して、あえてフランスの文化大国主義の〝異常さ〟を批判したのだが、意外なことにひな壇のパネリストからも聴衆からも反発するブーイングひとつ起こらなかった。誰もが、大統領や文化大臣が文化を独占する国威発揚型の文化ナショナリズムはすでに時代遅れになったと感じており、サンプルジャン女史のタブー破りに驚かなかったようだ。

彼女はさらに、第二次世界大戦後のフランスは経済力、軍事力でアメリカに大きく立ち遅れ中大国の地位に甘んじざるを得なくなったが、国際的発言力の低下をカバーするためにフランス文化の卓越性を強調する文化戦略を国是にしたのだ、と分析した。米ソ対立が続く間はたしかに、この文化戦略は資本主義と全体主義のあいだで「第三の道」を模索するフランスにとって有効だったし、一定の国際的影響力も発揮できた。しかし、ＥＵの統合の深化拡大のただなかにあるいまのフランスには、独自の「第三の道」を追求する余裕も力もない。だから“大文化政策時代”はすでに終焉したのだ、という結論である。

問題をフランス国内に限っても、文化省創設に当たってマルローが定めた主要目標は到達されたとは言いがたい。マルローは「すぐれた芸術の傑作を万人の手に」と主張したが、統計によると、巨額の公的資金を舞台公演につぎ込んできたにもかかわらず、未熟練労働者、熟練労働者、サラリーマンのそれぞれ、七一パーセント、六四パーセント、五一パーセントが生涯いちども足をはこんだことがないとこたえているのに対して、現在、劇場に出かける人の六五パーセントは高級管理職と自由業の人びとによって占められている。

マルローが特に強調した創造性の尊重という点でも、たとえば歴代文化相がコンテンポラリー・アートの育成やアーチストの保護に巨費を投入してきたにもかかわらず、世界で活躍するフランスのコンテンポラリー・アーチストが増えたという兆候は認められないし、市民の多くが抱く現代芸術への不満・反発も減ったとはいえない。タルブのシンポジウムに参加したパネリストや聴衆はいずれも、こうした現実をよく承知しており、芸術性、創造性重視に偏ったこれまでの文化政策が転換期に直面していることを十分、認識しているように見受けられた。しかし本気で文化省廃止を唱える人はいないようだ。誰もが、何世紀にもわたる伝統によって、フランスは知的・芸術的大国の名声を維持してきたことを理解しているし、これまで芸術文化支援の基準ただった芸術性、創造性という概念を放棄すれば、たちまち「文化の通俗化」が蔓延するおそれがあることに気付いているからに違いない。

怪人を操る教祖

福原義春

一九八七年の春ごろのことだったか。社の地下一階にある何となく暗い会議室にいたぼくに電話がかかってきた。副社長で宣伝担当だった当時、宣伝部のプレゼンテーションでこの会議室に居ることが多かった。それはさておき、Ｂ１の会議室に取り次がれる電話はたいてい碌なことでなかった。至急社長室に来てくれと呼ばれ、行くと人事異動の話だとか、社長が交代することが決まったとか、直接関係あることないこと含めてこの会議室にかかってくる電話にはいつもいやな胸騒ぎがした。

電話口に出てみると「朝日新聞の伊藤副社長さんです」というので、何事ならんと一瞬気色ばんだ。そこに伊藤牧夫さんの例の如き磊落と云うか快活と云うべきなのか判らない大きな声が「どうです、一週間ほどパリに遊びに行きませんか」と響くのだ。

唐突な話に毒気を抜かれたぼくは何事ですか、さっぱり判らないんですけど、とてもパリで遊んでいられる状態ではないですよ、と答えたのだが、伊藤副社長のご自分だけ判ったような話を要約

してみると、
フランス文化省と朝日新聞社が手を組んで「日仏文化サミット'84」を東京と箱根で、そして翌年フランスで同'85を開催した。次の日本開催のサミットの準備会議として日仏文化交流委員会を八七年にフランスで開くことになっているが、急に日本側委員の堤清二さんの都合がつかなくなった。そこで私にピンチヒッターを引き受けてもらいたいということであった。

もともとぼく自身、企業経営と文化の関係には関心があって、一九八五年には早稲田大学産業経営研究所主催のCIセミナーで「資生堂の企業文化とCI」と題した小講演をしたことがあった。そこでこのようなお誘いを受けても、慌てることはないのだが、この忙しいスケジュールをやりくりして「パリに一週間遊びに行く」という点では躊躇せざるを得ない。それに堤清二さんの代役は余りに荷が重い。思い余って大野社長に相談に行ったら、言下に「引き受けるべきだ」との判断が下った。「でもぼくは忙しいんですよ」「そんなことは何とかしろよ」のやりとりがあり、ぼくは少々うろたえて引き下がった。

あとで考えればこの大野社長の一言が根本長兵衛さんとぼくの出会いを決し、のちにいろんな文化関係の国際会議に出て行くきっかけとなる瞬間だったのだ。

パリ郊外のアルベール・カーン庭園の大温室で開かれた準備委員会はぼくにとって初めて聞く議論であり、またアルベール・カーンが遺した世界各地の文化的な記録や、かれの事跡はその後のぼくの思考の原点になった。それに堤さんご欠席の代わりに故人となった堤邦子さんが後見のように座っていただくというのは心強かった。このときのぼくのプレゼンテーションだった「企業は文化とどうかかわるか」の主題は翌年京都で開かれた第三回日仏文化サミット'88のタイトル「文化と企業」への流れになった。

この京都のサミットでは財界人・学者・文化官僚・プロデューサー・作家などが参加し、公開会議では約三〇〇名の聴衆が討議を聞いた。非公開のセッションの中でフランスのジャック・リゴーADMICAL（商工業メセナ推進協議会）会長から日本の財界人に、日本でも同様な組織を作って国際提携をしようという提案があった。日本側の議長は第一回以来、元文部大臣肩書きを持つ永井道雄氏がつとめられた。非公式会議には永井さんをはじめ佐治敬三・鈴木治雄・塚本幸一・堤清二・中江利忠各氏が参加していたが、例によって佐治さんの「やろうじゃないか」で一決した。これが、のちには稲盛和夫氏などの支援も得て社団法人企業メセナ協議会を組織する出発点となった。

折から一九八〇年代後半の日本経済は〈出口の見えないトンネル〉といわれた不況を脱し、バブル経済のさなかだった。構造不況といわれた閉塞状況から、あだ花のような虚業的な企業がにわかに輩出する過程を通じて、企業の社会的行動やそのガバナンスのゆがみが目立ち、世論から厳しく批判された時代である。そこに企業の社会貢献としての〈必ずしも見返りを求めない文化支援〉という新しい企業の社会貢献運動が登場したので、世論からもマスコミからも注目され、大きな話題となった。

こうして一九九〇年に企業メセナ協議会は発足した。命名に際しては、根本長兵衛さんの主張で敢えて「メセナ」というフランス語を採用した。最初は、はたしてこの新語が定着するかどうか、危ぶまれたが、さいわいこの新しい概念に基づいた運動は世論から歓迎され、メディアも協議会が発足した九〇年を「メセナ元年」と呼んでわれわれを大いにバックアップしてくれた。

佐治さんの「君が一番若いのやから」の一言で私は理事長を務めることになり、根本さんに専務理事のポストに座っていただいた。以来私と根本さんの長いコンビが続き、文化庁や大蔵省に二人で色々な陳情に出向いた。

根本さんの話に戻ろう。毎回のサミット本会議と、中間年の準備委員会ごとにぼくは根本長兵衛さんと顔を合わせることになった。朝日新聞側の事務局長として、忙しい様子でもなく実は忙しく立ち廻っていた。そう云っては悪いが社会人として愛想がいいとはいえない根本長兵衛さんは、快活な照山恵美子という同僚とコンビで、いつも日仏双方をつなぐ作業や、パネリストの人選、プログラム作りに追われていたようだ。根本さんはフランス人たちからはチョーベー、チョーベーと親しく呼ばれて重宝されたようだったが、ときには彼らとはげしく論戦して、日本側の主張を貫こうと懸命だった。その奮闘ぶりが評価され、根本さんはフランス政府の芸術文化勲章を二度も受章している。

ぼくは夜が苦手な代わりに東京でもパリでも朝五時には目が覚めてしまう。ホテルの食堂は七時に開くのが普通なので、七時に行けばそこではたいていいつも嬉しくも悲しくもないような根本さんと会った。しかもかれは前の晩遅くまで付き合っているのに七時には朝食に飄然と現われるのだ。

ぼくは根本さんと会うごとに新聞記者の既成概念ではとても量れない人だと知った。根本さんの方でもジャーナリストの嗅覚でぼくの何かを嗅ぎ取っていたのであろう。時々ぼくのことを変な経営者だと客観的な云い方をする。

もともと一流の料亭の家に生まれ、仏文学を専攻したのち朝日新聞でパリ、そしてローマの支局長、さらにパリに戻って、欧州の文化問題担当の編集委員をつとめた。本当は大学で教えたいのだとぽつりと洩らすのを聞いたこともある。

とはいえただの「文化屋さん」ではなく、第四次中東戦争ではイスラエル側の前線取材にパリから急派され、ゴラン高原で偶然戦車同士の砲撃戦に捲き込まれたとか、首相当時のシラク大統領に単独インタビューを試みたり、ミッテラン大統領と日本社会党の飛鳥田委員長との対談に二度も立ち会ったり、記者らしい活動はちゃんとこなしていたようであった。

イタリア、さらにフランスの文化状況が余りにも日本とかけはなれていること、文化関係のニュースを送稿してもなかなか紙面には反映されないこと、日本という国はどうなっているんだ、などと愚痴のようにシニカルに語るのにぼくはだんだん説得されてしまった。世の中大声でプロパガンダを絶叫する人はいくらもいるが、愚痴みたいに憂国の情を訴えながら、根本さんのように説得力を併せもつ人は少ない。ただ多忙な聞き手にとってはかなりな辛抱が必要ではあるけれども。

企業メセナ協議会が十年を迎えたとき、根本さんはライフワークに取り組みたいと云って協議会の職を退かれた。そして共立女子大学の国際関係学部の教授になり、同大学のジュネーヴ大学やフランス国立東洋語・文化研究所との国際提携にも一役買ったが、そのころの学生諸君の気持ちはどうだったのだろうか。先生は若い学生の素直さ、真面目さに心洗われていたようだが。

その後政策研究大学院大学の客員教授（文化環境論）となられ、依然として日本の文化状況を少しでも改善するための裏方に徹している。

ぼくにとっては何となくウマが合う所もあり、相補う点もあって一八年来のコンビは思い出が一杯の交流であった。たとえば一九九二年には根本さんといっしょに、加盟企業の有志が参加する視察団を連れてニューヨークに出かけた。果てしなく続く階段を上り下りして、リンカンセンターのオペラ座の舞台裏を探訪、本舞台と同じ広さの稽古場、たくさんのミシンが唸り続ける衣装工場、大勢の作業員が巨大な舞台装置作りと取り組む大道具製作の現場を見て回り、日本では見られない本格的な劇場の舞台裏の充実ぶりに目を瞠り、ふたりで深く肯き合い、「文化のインフラ」の重要性をあらためて痛感し合った。九六年には、発足したばかりの韓国企業芸術評議会に招かれて、われわれはソウルで開催された国際メセナ会議に参加、こもごもにアジアでのメセナ連帯の必要を強調するスピーチを試みた。私も根本さんもつねづね、フランスとの二国間交流をこえて、「世界のなかの日本」の立場にたって日本のメセナ運動を拡大・深化すべきだと考え、メセナ多極交流を心がけてきたのである。

ぼくがメセナ運動の基本理念を世に問うべく「企業は文化のパトロンとなり得るか」（求龍堂、一九九〇年）を出版したとき、あとがきを根本さんに書いてもらった。そのタイトルは何と「静かな怪人」というものであって、ぼくも苦笑せざるを得なかった。しかし今になって振り返ってみると、静かな怪人を操っている根本《ネモト》思想が背後に目立たぬようにいたのであって、ぼくは意識・無意識に拘らず根本教をあちこちで叫び続けて来たのに過ぎなかったのではないだろうか。いや、誤解を招かない云い方をすれば、薄っぺらな教祖ではなく、エドガー・モランの日本の友人たる哲人と云った方が正しいのかも知れない。

（ふくはら・よしはる　資生堂名誉会長・企業メセナ協議会会長）

あとがき

ことし二〇〇五年は、「昭和ヒト桁世代」の最後の年で、一九三五年（昭和十年）生まれのひとも古希を迎える。筆者も「ヒト桁世代」後半の昭和七年（三二年）生まれ。その前年の九月には関東軍が企てた中国軍総攻撃でいわゆる「満州事変」が勃発し以降、日本は「支那事変」「大東亜戦争」とあいついで無謀かつ破滅的な侵略戦争の道をひたはしりに走り続ける。同じヒト桁世代でも前半の生まれの人たちの中には、陸軍幼年学校や海軍兵学校で学び、あるいは予科練を志願し軍国主義教育で鍛えられた人たちが——空しく散華した人びともいたが——大勢いる。しかし筆者が疎開先の中学校の校庭に全員集合で集められ、ほとんど理解不能な天皇の終戦の詔勅をとぎれがちなラジオで聞いたのは、中学一年、十二歳の時だった。生徒を殴るのが趣味のようだった教頭や校長があっという間に民主主義者に豹変したのには唖然とし、忘れがたい大人への不信感を抱いたが、皇国少年ではなく虚弱で本好きな少年だったから、世の中が軍国主義から自由・民主社会に変わってもスムーズに時代の変化に順応できた。

福沢諭吉のひそみに倣って、最近、よくこう思うことがある。「昭和ヒト桁世代」のわれわれは、

「恰も一身にして二生を経るがごとく一身にして両身あるが如し」という「偶然の僥倖」に恵まれた世代なのではないだろうか、と。福沢は天保生まれの下級武士としてまず封建的な儒学の教養を身につけ、それからオランダ語、英語を学んで維新前後の混乱期に再三欧米を訪れ、明治になると在野の自由主義のオピニオン・リーダーとして活躍、日本の近代化に大きな影響を与えた。「一身にして両身あるが如し」である。同様にわれわれ脳裏には、ヒロシマ、ナガサキの原爆、全土の都市を瓦礫と焦土と化した米軍機の連日連夜の大空襲を境にして、戦前、戦中と戦後という全く様相の異なるふたつの日本が記憶に焼き付いている。終戦ならぬ敗戦を境にして、「昭和ヒト桁世代」も曲がりなりにも、忠君愛国の全体主義と〝与えられた〟民主主義社会という「二生を経て」きたといえるのではないだろうか。

物資不足で食べ物もお粗末だったが、〇×教育本格化以前の中学生活は自由で開放的だった。数学の授業中に机の下でヘッセの『春の嵐』を夢中で読んでいたら「根本君!」と声をかけられた。見ると謹厳そのものの数学の先生がこめかみをピクピクさせて小生の机の下をのぞいてる。叩かれるかひどく叱責されと覚悟したが、本を取り上げた先生は、「ホーォ、ヘッセか。いい本を読んどる。だが、家で読みなさい」と言い置いて、すたすた教壇に戻って行かれた。あとで伺うと、先生も少年期にヘッセを愛読されたという。きびしい軍国主義体制下で青年期を過ごされた戦中派や、われわれより数年年上の昭和ヒト桁世代前半の先輩たちには明治・大正教養主義の伝統を受け継いだ大変な読書家、教養人が多かったのである。中学の先輩である旧制高校生のグループがそまつな仙花紙に印刷されたフランス語のランボー詩集を朗読するのを正座して神妙に拝聴したことがある。

すき焼きがまだ〝夢の食べ物〟で親子丼が大変なご馳走だった時代の話である。

先輩たちの話を聞きかじり、ジッドやヴァレリ、スタンダールやマルタンデュガールの「チボー家の人びと」、さらにドストエフスキーやカフカを読みかじったが、一方では阿部次郎の「三太郎の日記」、西田幾太郎や三木清、和辻哲郎の思想書にも挑戦した。新制高校の同級生にストレートで東京芸大の油絵科に合格した親友がいたので、戦後初のマチス展に連れて行かれて大感激したり、演劇好きの友達と文学座や俳優座の舞台を見て回ったのも高校時代のことである。

当時の日本は最悪の窮乏状態は脱したものの経済的には発展途上国なみだった。しかし国民も世論も決して意気消沈していたわけではなく、長くは続かなかったが一時は國の将来を文化国家建設に賭けようという議論もさかんに行われた。社会的にも文化や芸術への関心と憧れが高まり、ことに敗戦の精神的荒廃の中で少なからぬ若者たちが、新しい自己形成の手段として読書を大切にして新しい教養を獲得しようと真剣に模索していた。だが一九五〇年に勃発した朝鮮戦争による特需景気で高度成長のきっかけを掴む国内の空気は一変し、文化国家論議は泡沫の夢のように雲散霧消してしまう。ことに一九六〇年代の所得倍増政策（池田勇人）、続く七〇年代初めの列島改造計画（田中角栄）によって保守党一党支配体制が確立し、右肩上がりの急成長が定着する。日本は国を挙げてひたすらモノとカネを追い求める経済効率一辺倒の道を驀進しはじめ、国民はに狂奔するようになった。世界史上前例のない猛スピードで躍進し、国民のほとんどすべてが中流意識をもつ経済大国があっという間に実現したのだが、繁栄を謳歌する社会の一隅で、筆者は怏々として楽しまなかった。「これはおかしい」、「何かが間違っているのではないか」という思いが日々、強まる一方だったからだ。

カッサンドルのような予言能力を持っていたわけではない。繁栄のおこぼれで、暮らしが豊かになり快適になることを歓迎した小市民のひとりだった。生来の非政治的人間だったから警世の鐘を乱打して「危機の到来」を世にアピールする勇気は持ち合わせなかった。しょせんは、「みわたすかぎり頭をそろえて、礼拝している奴ら（おっとせい）の群衆のなかで、ただひとり、反対をむいているやつ」に過ぎなかった、と自覚している。だが、やっぱりおっとせいはおっとせいで、ただ「むこうむきになっているおっとせい」だったのだと思う（岩波文庫『金子光晴詩集』からの引用）。

非力なおっとせいがどうにか「むこうむき」の姿勢を貫くことができたのは、ひとつは、戦中・戦後と地下水脈のように伝えられてきた教養主義の流れの末流にどうにか連なることができたからだろう。「偶然の僥倖」で壮年期に、十年以上もパリやローマで仕事をする機会に恵まれたことも、日本のすがたを見きわめる力を与えてくれた。「外国での長い滞在から引き出すことのできる利益は、たぶん、それらの國について学んだことよりも、外国がわれわれについて学ばせてくれたことである」（本書プロローグのエピグラフにかかげたアラン・ペイルフィットの言葉）。

不幸にも、筆者の予感は的中した。建築家の安藤忠雄さんが言うように「現代人は、物質的な豊かさと、マスメディアやインターネット、携帯電話などを媒介としてあふれ出す情報におぼれ、自分で考えることを忘れてしまった」からだ。「世界の経済大国になった日本人は、『カネさせあれば豊かになれる』と思いこみ、物資的な豊かさと、祖先が大切にしてきた精神文化や自然環境、伝統を犠牲にしまった」のだ。安藤さんは「それこそ我々を支えてきた社会的遺伝子であったのに——」

とも指摘している。

ことしは阪神淡路大地震の十周年に当たる。一九九五年は前代未聞の地下鉄サリン事件が発生した年だ。過去十年の間に人心の荒廃はいっそうひどくなり、世相の暗さもつのる一方だったと思う。最近もインターネットを使う少女が仲良しの同級生を殺害したり、見ず知らずの男女がネットで結ばれ、車の中で集団自殺する事件が連続発生している。毎年、中高年を中心に三万人以上の人が毎年自殺する異常現象も一向にあらたまりそうにない。

しかし安藤忠雄さんや演出家の平田オリザさんのように、国境を越えて世界で活躍するアーチストが、文化の再生を積極的に世論にアピールするケースが目立つようになった。直木賞作家の桐野千秋さんもバブル期の日本をきびしき批判しながらも、「バブル期には女性の社会進出や企業メセナなど、プラスの面もあった」と語っている（朝日新聞の新年企画「私たちがいる所——戦後六〇年から(1)」。「女性の社会進出も企業メセナもバブルとともに短期間で終わってしまった」と続くが、桐野発言は、長年のあいだメセナ運動の黒子役をつとめてきた筆者には大きな慰めだった。若者の無気力化が指摘される。だが、文化のインフラを作り直そうと本気でアートマネージメントを学習する学生数はふえているという。文化のグローバル化が進むなかで、新しい芸術創造と取り組んで活躍する若者も増加しているようだ。敗戦後六〇年続いた「文化の貧困」に終止符を打つ新しい胎動が始まろうとしているのだろうか。リタイアした活字人間の末裔である筆者には判断に迷いがちだが、そうした気運に促されて一、二年前から、二〇年来書きためてきたメセナや文化論の原稿を記録として本にまとめておきたいと考えるようになった。

さいわい、人文書院のご好意で本書が上梓されることになったのは望外のよろこびである。周知のように、同社はサルトルやボーヴォワールの全集の出版元である。サルトル全集の新しい巻が出るたびに、夢中で読みふけった学生時代の経験はいまでも忘れがたい。社会人になってからもすぐれた同社の出版物に接し、裨益されることが多かった。本書の出版をお引き受け下さった同社に心から感謝申しあげる次第である。

ことに谷誠二編集長には大変お世話になった。まず、この「後書き」のような話を辛抱強く再三にわたって聞いていただいた。話が深更に及んだこともある。さらに七、八百枚にのぼる記録原稿を読んでいただいて、上梓にあたっての取捨選択もお願いした。ご多忙な編集長の谷さんに自ら編集の労を取っていただいたのは大変ありがたかった。深く恐縮するとともに、気弱な「そっぽをむいたおっとせい」の筆者を暖かく迎え、多くの貴重な示唆とはげましを頂いたことに感謝している。人文書院への橋渡しをして下さったのは、昔からの友人で、元人文書院編集者の森和さんである。森さんは筆者の話を熱心に聞いて下さった上に、かつての同僚の松井純氏（現在は平凡社に勤務）を紹介して下さり、松井氏から本書の上梓の話が谷編集長に伝えられた。お二人のご理解とご協力なくければ本書が陽の目を見ることはなかったに違いない。両氏に心からお礼を申しあげたい。

身に余る『紹介・解説』の一文を書いて下さった企業メセナ協議会の福原義春会長に深く感謝するとともに、協議会でいっしょに働いた同僚の角山紘一・事務局長、職員の若林朋子嬢のご協力にもお礼を申しあげる。また、協議会以降、再三にわたってヨーロッパ取材旅行の機会を与えて下さった、民間団体・EU–ジャパン日本委員会の古木修治事務局長にも感謝の意を表明したい。同氏のモラル・サポートと、そのご好意で実現した海外取材のおかげで、本書のプロローグはじめ、最近のヨーロッパの文化状況に言及した文章を加筆補足することができたからである。

本書は文化政策の専門書でもなければ、アートマネージメント学の研究論文集でもない。筆者は未成年時代に芸術や文学の魅力に取り憑かれ、その後、新聞記者として文化畑や日欧文化交流の仕事に長年たずさわる機会に恵まれた。その後も、日本の企業メセナ協議会創設やその運営に従事し、さらに大学教員として一〇年以上にわたってメセナや文化政策、芸術文化のインフラの問題を研究し、講義してきた。したがって、本書の内容も首尾一貫した学術的というより、アート・ファンの市井の一独学者が時代の変化の中で考え、発言し続けてきた記録と体験が中心になっている。気ままで個人的な「メセナ随想録」として気軽に読んで頂ければと思う。ことに深刻な時代閉塞のただ中で「自己発見」を模索する若い読者の目にとまり、芸術や文化について考え直すささやかな契機になれば、と心から念願している。メセナや文化をめぐる活発な多事争論が世論やメディアをにぎわす日が一日も早く訪れることを、期待してやまない。

二〇〇五年三月

著者

初出一覧

（プロローグとエピローグは本書のために書き下ろした新稿。第一章以下の文章も、編集のさいに再点検し、加筆、カット、データ更新など、アップデイト化を試みた。）

Ⅰ

プロローグ　地方都市が文化を競い合う時代——「文化による街おこし」でよみがえるヨーロッパ——二十一世紀の世界の新しい文化胎動と日本」（書き下ろし）

日本人と文化——メセナ（文化支援）の視点から（二十一世紀へのニュー・マネージメント叢書、part 2 第五巻「企業と文化」総合法令、一九九三年）二十一世紀モデルを模索する企業メセナ（『文化経済学』有斐閣、一九九八年

現代文化環境論　横浜市教育委員会主催の連続文化講演（講座名は「「現代文化環境論」入門——文化の現状とメセナ」のテクスト、一九九八年）

「文化」は大国日本のアキレス腱（みすず書房の月報「みすず」第三一五号掲載、一九八七年三月。但し、八六年十一月に、東京・お茶の水の日仏会館で行なった講演がテクストになっている）

Ⅱ

欧州から日本の教育を考える（『未来をひらく教育』六八号、全国民主教育研究会編、一九八七年四月）刊

フランス人気質とフランス文化（『国際文化研修』vol 24、フランス特集・全国市町村国際文化研究所編、一九九九年夏

それでも、フランス万歳！（フランス人記者、Claude Brovelli 氏の国際インタビュー集“VIVE LA FRANCE, Quand Même !”に収録されたフランス語記事の日本語訳、仏出版社 Edition France-Empire, 1985.

エピローグ 変貌するフランス、変わらぬ日本——二十一世紀のメセナと文化政策（書き下ろし）

著者略歴

根本長兵衛（ねもと・ちょうべえ）

1932年東京生まれ。東大文学部修士、早稲田大学文学部仏文科博士課程満期退学。61年、朝日新聞社入社。パリ、ローマ支局長、パリ駐在編集委員（欧州文化担当）、東京本社論説委員（ヨーロッパ・文化担当）を歴任。84年から始まった朝日新聞社・フランス文化省共催の日仏文化サミットの事務局長をつとめる。90年退社。同年から2002年まで共立女子大学教授および（社）企業メセナ協議会専務理事を兼任。現在、政策研究大学院大学客員教授、EU-JAPAN フェスト日本委員会プログラムディレクター。フランス政府の芸術文化勲章・シュヴァリエ章、(1984年)、オフィシエ章（96年）を受賞。

著書『小さい目のフランス日記』（エッセー：朝日新聞社）
『フランス』（共著・監修：新潮社）
『グローバル化で文化はどうなる？ -- 日本とヨーロッパの対話』（共著・監修：藤原書店）

訳書『未来の女性』（エヴリーヌ・シュルロ著：朝日新聞社）
『シモーヌ・ヴェーユ著作集１――戦争と革命への省察』（共訳：春秋社）
『ゲバラを追って』（共訳：冬樹社）
『ドゴール・希望の回想』（共訳：朝日新聞社）
『日本人と戦争』（ロベール・ギラン著・共訳：朝日新聞社）
『フランス病』（アラン・ペイルラフィット著・共訳：実業之日本社）

ISBN4-409-54071-8 C1039

街が再生し、市民がよみがえる
文化《ぶんか》とメセナ
――ヨーロッパ／日本：交流と対話

二〇〇五年四月二五日　初版第一刷印刷
二〇〇五年四月三〇日　初版第一刷発行

著者　根本長兵衛
発行者　渡辺睦久
発行所　人文書院
〒六一二-八四四七
京都市伏見区武田西内畑町九
電話〇七五（六〇三）一三四四
振替〇一〇〇〇-八-一一〇三
印刷　亜細亜印刷株式会社
製本　坂井製本所

乱丁・落丁本は小社送料負担にてお取替致します。

http://www.jimbunshoin.co.jp/